申京淑 박사의

의료중국어

医 疗 中 国 语

申京淑 박사의

의료중국어
医 疗 中 国 语

초판 1쇄 발행 2020년 3월 30일

지은이 신경숙
펴낸이 이진옥
표지 및 본문 디자인 이세은

펴낸곳 도서출판 삼인행
주 소 서울시 영등포구 경인로82길 3-4 센터플러스 616호
전 화 02-2164-3014
팩 스 02-2164-3020
등 록 2017년 4월 1일 제2017-000049호
홈페이지 www.saminhaeng.com

ISBN 979-11-90370-01-1 (13720)
정 가 15,000원

도서출판 삼인행 블로그 http://blog.naver.com/saminhaeng2017
이 책에 대한 의견이나 잘못된 점을 도서출판 삼인행의 홈페이지와 블로그로 알려
주시면 도서 제작에 적극 반영하도록 하겠습니다.
책으로 펴내고 싶은 원고를 〈홈페이지 원고 투고란〉으로 보내 주세요.
도서출판 삼인행은 독자와 저자와 출판사가 함께 만들어 가는 광장이 되겠습니다.

申京淑 박사의

의료중국어
医疗中国语

신경숙 지음

前言

★ ★

　　中韩两国文化渊源深厚，友好交往的历史源远流长。自1992年建交以来，两国各方面关系均获得长足发展。由此到韩国医院就诊的中国游客逐年增多，同时到中国留学的韩国留学生也跟频繁地出现在各种医疗机构。但是由于语言的障碍，在就诊过程中出现很多不便的情况。因此，韩国行业的工作人员学习汉语的需求越来越大；要去中国留学的韩国学生就更不用说了，提前掌握必要的医疗口语，将给留学生活带来诸多便利。

　　申京淑中文学院院长申京淑博士从事汉语教育事业已有三十多年，她在教学过程中发现目前韩国国内的汉语教材多为普及型，而针对某一行业的专门性教材，特别是就诊医疗方面的汉语口语教材仍然缺乏。为此，申京淑博士主持编写了《医疗汉语》一书，希望能为医疗行业人员学习汉语提供帮助，也能为在华的韩国留学生们提供便利。

　　本教材的适用者为初中级会话能力的学员，在编写上以实用性和知识性相结合，选取了就诊医疗过程中的十二个场景的对话，力争使学员掌握医疗行业常用汉语词汇并提高会话水平，以便在未来的工作和生活中获得更多便利。

　　每课的课程安排分为三部分，第一部分是相关词汇，第二部分是场景对话，第三部分是课后练习，并配有阅读材料，供学有余力的学员自学。这样的安排能使学员最快地获得必要的会话能力。

　　本书的编写得到了柴梅老师、崔温柔老师、李华老师、王晶老师、吴梦楠老师的大力协助，在此一并致谢！

머리말

★ ★ ★

한국과 중국 두 나라는 문화적으로 뿌리가 깊고, 우호교류의 역사는 유구합니다. 1992년 한중수교 이후, 한중양국은 인문교류의 분야에서 모두 장족의 발전을 이루었습니다. 특히, 한국 병원을 찾는 중국인 관광객이 해마다 늘고 있고, 동시에 중국으로 유학을 떠나는 한국 유학생들과 재중 한국기업인들이 각종 의료기관에서 검진을 받거나 치료하는 환자들이 많이 나타나고 있습니다. 그러나 언어의 장벽 때문에 진료 과정에서 불편한 상황이 발생합니다. 이 때문에 한국 업계의 근로자들이 중국어를 배우려는 수요는 갈수록 커지고 있습니다. 중국으로 유학을 떠나는 한국 학생들은 물론이고, 미리 필요한 의료용 말하기를 장악하면, 유학생활 또는 중국근무기간내에 많은 편의를 제공할 것으로 보입니다.

중국교사출신 신경숙중국어학원 설립원장 이자 이 책의 저자신경숙 박사는 30여 년간의 중국어 교육과정에서 현재 한국내의 중국어 교재들이 대부분 일반 보급형이어서 전문적인 업종과 관련된 즉 전문성을 지닌 교재가 많이 부족하다는 것을 알게되었습니다.특히, 의료분야의경우, 한중양국의 국민들이 병원을 찾았을 때 의사와의 소통이 제대로 이루어 지지않아서 많은 환자들이 답답해하는 고충을 들었습니다.

이로 인해 신경숙 박사가'의료중국어' 책을 집필하게 되었고 이에 병원을 비롯한 의료업계 종사자 분들과 중국에있는 한국유학생들과 중국에 근무하는 기업인들께 중국어를 학습하는데 있어서 도움을 주고자 합니다.

본 교재의 학습자는 초중급 회화 능력을 갖춘 수강생입니다. 신경숙 박사는 교재 집필에 있어 실용성과 지식을 결합해 의료 진료 중 12가지 장면의 대화를 선택하여 학습자들이 의료업계에서 자주 쓰는 중국어 어휘를 익히고, 회화 수준을 높여 미래의 일과 생활에서 더 많은 편의를 얻을 수 있도록 노력하였습니다.

이 책의 내용은 크게 세 부분으로 나누어지는데 제1부분은 관련 어휘, 제2 부분은 상황대화, 제3부분은 단원 연습과 독해자료로 구성되어 있어 수강생들이 독학할 수 있도록 하였습니다. 이러한 안배는 학습자가 필요한 회화 능력을 최대한 빨리 얻을 수 있도록 하였습니다.

마지막으로 이 책이 출판되기까지 물심양면으로 도와주신

차이메이선생님, 최온유선생님, 릴화선생님,왕징선생님, 우멍난선생님을 비롯한 삼인행 최영무 대표님과 관계자 여러분께 머리숙여 감사의 말씀을 드립니다!

目录 목차
★ ★ ★ ★

申京淑 박사의
의료중국어
医疗中国语

신경숙 지음

第一章

挂号
접수하다

生词

起床 qǐchuáng		[동사] 일어나다. 기상하다.
舒服 shūfu		[형용사] (육체나 정신이) 편안하다. 상쾌하다.
身体 shēntǐ		[명사] 신체. 몸.
于是 yúshì		[접속사] 그래서. 이리하여. 그리하여.
医院 yīyuàn		[명사] 의원. 병원.
看病 kànbìng		[동사] 문병하다.
挂号 guàhào		[동사] 신청하다. 등록하다. (병원 창구에) 접수하다.
办理 bànlǐ		[동사] 처리하다. 수속하다.
病例本 bìnglì běn		진료 기록.
需要 xūyào		[동사] 필요로 하다.
基本 Jīběn		[명사] 기본. 근본.
信息 xìnxī		[명사] 소식.
浩然正气 hàorán zhèngqì		굳세고 도도하며 올바른 기개.
出生 chūshēng		[명사,동사] 출생(하다).
儿童节 értóng jié		[명사] 어린이날.

住址 zhùzhǐ		[명사] 주소.
留学生 liúxuéshēng		[명사] 유학생.
宿舍 sùshè		[명사] 기숙사.
联系 liánxì		[명사,동사] 연락(하다).
方式 fāngshì		[명사] 방식. 방법.
医疗保险 yīliáo bǎoxiǎn		[명사] 의료 보험.
自费 zìfèi		[명사] 자비. 자기 부담.
收据 shōujù		[명사] 영수증. 인수증.
报销 bàoxiāo	[동사] (공무로 쓴 돈을 보고하여 영수증에 의거하여) 결산하다.	
内科 nèikē		[명사] 내과.
楼梯 lóutī		[명사] (층집의) 계단. 층계.

对话

金民浩今天起床后身体不舒服，于是就去医院看病。

Jīnmínhào jīntiān qǐchuáng hòu shēntǐ bù shūfu, yúshì jiù qù yīyuàn kànbìng.

김민호는 오늘 아침에 일어난 후에 몸이 아파서 병원에 진찰받으러 갔다.

金民浩 : 请问，我想看病，应该去哪儿？

Qǐngwèn, wǒ xiǎng kànbìng, yīnggāi qù nǎr?

실례합니다, 진찰을 받고 싶은데 어디로 가야하나요?

门　卫 : 您要先挂号，先在这里领一个号牌，然后坐下稍等一会儿。等看到 挂号处接待员叫您的号码，过去办理就行了。

Nín yào xiān guàhào, xiān zài zhèlǐ lǐng yīgè hào pái, ránhòu zuò xià shāo děng yīhuǐ'er. Děng kàn dào guàhào chù jiēdài yuán jiào nín de hàomǎ, guòqù bànlǐ jiùxíngle.

　　　　먼저 접수를 해야 합니다. 먼저 여기서 번호표를 받으시고, 앉아서 잠시 기다려주세요. 접수처 안내원이 당신의 번호를 부르면, 가서 처리하면 됩니다.

民　浩 : 谢谢。

　　　　Xièxiè.

　　　　감사합니다.

接待员 : 请28号来这里办理。

　　　　Qǐng 28 hào lái zhèlǐ bànlǐ.

　　　　28번은 여기로 오셔서 처리해주세요.

金民浩 : 您好, 我是28号。

　　　　Nín hǎo, wǒ shì 28 hào.

　　　　안녕하세요, 저는 28번입니다.

接待员 : 您好, 您有病例本吗?

　　　　Nín hǎo, nín yǒu bìnglì běn ma?

　　　　안녕하세요, 당신은 진료기록본이 있으신 가요?

金民浩 : 没有, 我是留学生, 第一次来。

　　　　Méiyǒu, wǒ shì liúxuéshēng, dì yī cì lái.

　　　　아니요, 저는 유학생이고, 처음 왔습니다.

接待员 : 那么需要给您办一个病例本。我需要知道一些您的基本信息。

　　　　Nàme xūyào gěi nín bàn yígè bìnglì běn. Wǒ xūyào zhīdào yīxiē nín de jīběn xìnxī.

　　　　그럼 진료기록본을 하나 작성해 주셔야 합니다. 저는 당신의 기본적인 정보를 좀 알아야 합니다.

金民浩 : 没问题。

Méi wèntí.

문제없습니다.

接待员 : 您的姓名是？

Nín de xìngmíng shì?

당신의 이름은 어떻게 되시나요?

金民浩 : 我叫金民浩，黄金的金，人民的民，浩然正气的浩。

Wǒ jiào jīnmínhào, huángjīn de jīn, rénmín de mín, hàorán zhèngqì de hào.

저는 김민호입니다. 황금의 금, 인민의 민, 굳세고 도도하며 올바른 기
개 호입니다.

接待员 : 您的汉语说得真好！您的出生年月日是？

Nín de hànyǔ shuō dé zhēn hǎo! Nín de chūshēng nián yuè rì shì?

중국어 정말 잘하시네요! 당신의 생년월일은 어떻게 되시나요?

金民浩 : 一九九八年，六月一日，是中国的儿童节。

Yījiǔjiǔbā nián, liù yuè yī rì, shì zhōngguó de értóng jié.

1998년, 6월1일, 중국의 어린이날입니다.

接待员 : 您的住址是？

Nín de zhùzhǐ shì?

당신의 주소는 어떻게 되시나요?

金民浩 : 我住在人民大学留学生宿舍，3号楼，401室。

Wǒ zhù zài rénmín dàxué liúxuéshēng sùshè, 3 hào lóu, 401 shì.

저는 인민대학교 유학생 숙소, 3동, 401호에 살고 있습니다.

接待员 : 您的联系方式，比如手机号什么的？

Nín de liánxì fāngshì, bǐrú shǒujī hào shénme de?

핸드폰번호와 같은 연락방식이 있을까요?

金民浩 : 我刚买了手机，号码是13895923659.

Wǒ gāng mǎile shǒujī, hàomǎ shì 13895923659

저는 막 핸드폰을 샀어요. 번호는 13895923659입니다.

接待员 : 您有医疗保险吗？

Nín yǒu yīliáo bǎoxiǎn ma?

당신은 의료 보험이 있나요?

金民浩 : 我在学校已经买了医疗保险，但是还没有收到保险证明。

Wǒ zài xuéxiào yǐjīng mǎile yīliáo bǎoxiǎn, dànshì hái méiyǒu shōu dào bǎoxiǎn zhèngmíng.

저는 이미 학교에서 의료보험을 샀어요. 그러나 아직 보험증명서를 안 받았어요.

接待员 : 这样的话这次您要自费了。不过您可以带着交款收据回学校报销。

Zhèyàng dehuà zhè cì nín yào zìfèile. Bùguò nín kěyǐ dàizhe jiāo kuǎn shōujù huí xuéxiào bàoxiāo.

이번에는 자비로 하셔야 합니다. 하지만 납부 영수증을 가지고 학교에 돌아가셔서 청구하실 수 있습니다.

金民浩 : 没问题。

Méi wèntí.

알겠습니다.

接待员 : 病例本已经办好了，您哪里不舒服？

Bìnglì běn yǐjīng bàn hǎole, nín nǎlǐ bú shūfú?

진료기록본이 이미 처리되었습니다. 어디가 아프신가요?

金民浩 : 我现在全身没有力气，头有点儿疼，可能是感冒了。

Wǒ xiànzài quánshēn méiyǒu lìqì, tóu yǒudiǎn er téng, kěnéng shì gǎnmàole.

저는 지금 몸에 기운이 없고, 머리가 좀 아프고, 아마도 감기에 걸렸나
봐요.

接待员 : 那您应该去内科 , 这是您的病历本 , 这是您的就诊号码。请到内科
1号诊室就诊吧。

Nà nín yīnggāi qù nèikē, zhè shì nín de bìnglì běn, zhè shì nín de jiùzhěn
hàomǎ. Qǐng dào nèikē 1 hào zhěnshì jiùzhěn ba

그럼 내과에 가야 합니다, 이건 진료기록본이고, 이건 진료 번호입니다.
내과 1번 진찰실로 가세요.

金民浩 : 内科1号诊室在哪儿?

Nèikē 1 hào zhěnshì zài nǎr?

내과 1번 진찰실은 어디에 있나요?

接待员 : 就在二层 , 您上楼梯就能看到。

Jiù zài èr céng, nín shàng lóutī jiù néng kàn dào.

바로 2층에 있고, 계단을 올라가시면 보실 수 있습니다.

金民浩 : 好的 , 谢谢 , 再见。

Hǎo de, xièxiè, zàijiàn.

네, 감사합니다, 안녕히 계세요.

语法

1. 请问…… , (가르침을 청하거나 질문 시) 말씀 좀 여쭙겠습니다.

向别人询问是常用的礼貌用语。

다른 사람에게 물어볼 때 자주 쓰는 예의 용어다.

例句 : **请问**, 去动物园怎么走?

　　　请问, 现代百货店在哪儿?

　　　请问, 张经理在吗?

2. **先**...... **然后**......, 먼저~하고, 그리고 나서~

例句 : 我一般先喝酒, 然后吃饭。

　　　请你先把药吃了, 然后再睡觉。

　　　她下班后要先去健身房锻炼, 然后回家。

3. **等**......, (···까지) 기다리다.

可以用来表示 "到......的时候。" ~할 때 까지라는 의미로 쓸 수 있다.

例句 : 等我退休了, 要去农村生活。

　　　等今天下班我请你吃饭。

　　　等周末咱们一起去登山吧。

4. **需要**......,

동사이므로 서술어로 목적어를 가질 수 있다. 또한 관형어로 명사를 수식할 수 있다.

例句 : 爱需要勇气(서술어)

　　　他愿意为我们提供需要的设备(명사수식)

[명사] 필요, 수요, 요구

例句 : 一切从人民的需要出发(명사)

　　　你有什么需要请告诉我。

5. ......**的话**, ..., ···하다면. ···이면. [가정을 나타내는'要是'등과 같은 접속사가

있으면 '的话'는 있어도 되고 없어도 됨]

例句 : 要是你找不到的话, 请给我打电话。

　　　 我有钱的话就买一辆跑车。

　　　 你不同意的话我就不去了。

6. 不过...... 그런데. 그러나. ['但是, 可是'보다 어기가 약함]

例句 : 我喜欢吃西餐, 不过更喜欢中餐。

　　　 他学习外语很长时间了, 不过还是说得不太好。

　　　 我很想结婚, 不过找不到女朋友。

练习

1. 择合适的词语填空。

宿舍，联系，于是，舒服，办理，信息，自费，身体，出生，收据

(1) 每次喝醉后, 第二天都会一整天不_____。

(2) 这位先生, 请到5号窗口_____。

(3) 我们可以从网上知道很多_____。

(4) 她_____在一个小山村。

(5) 他不想住在学校的_____ , 因为不自由。

(6) 你可以随时_____我。

(7) 因为您没有保险, 所以必须_____。

(8) 爷爷_____ 很好, 每天都去打篮球。

(9) 买了东西后应该留好_____。

(10) 他突然饿了, _____叫了份外卖。

2. 使用本课的学过语法完成句子。

(1) _____ , 您贵姓？

(2) 给中国打电话_____拨0080，_____再拨对方的手机号。

(3) _____孩子结婚了，咱们就回老家生活吧。

(4) 要订机票，_____知道您的护照号码。

(5) 想减肥_____，必须少吃多运动。

(6) _____天亮了，咱们就出发。

(7) 现在买一套房子_____夫妻俩一起工作二十年。

(8) _____在哪儿可以换钱？

(9) 想学好汉语_____，必须多听多说多读多写。

(10) 我起床后_____洗澡，_____吃早饭。

阅读材料

中国医疗机构分类
중국 의료기관 분류

按国家卫生计生委员会统计年鉴分组，全国医疗卫生机构分为医院、基层
医疗卫生机构、专业公共卫生机构、其他机构四类。
국가 위생 산아제한 위원회 연감 분조에 따라 집계한 것이며, 전국 의료 위생기관
은 병원, 말단의료위생기관, 전문공중위생기관, 기타 기관 등 네 가지로 분류된다.

医院：包括综合医院、中医医院、中西医结合医院、民族医院、各类专科医院
和护理院，不包括专科疾病防治院、妇幼保健院和疗养院；
병원: 종합병원, 한의원, 양한방통합병원, 민족병원, 각종 전문병원과 간호원을 포
함한다. 전문질병예방원, 부녀유아 보건병원, 요양원은 제외한다.

医院等级：指由卫生（卫生计生）行政部门确定的级别（一、二、三级）和由医疗机构评审委员会评定的等次（甲、乙、丙等），是反映医院规模和医疗水平的综合指标。

병원등급: 위생(위생 산아제한) 행정 부서에 의해 정해진 레벨(1, 2, 3급)과 의료기관 평가 위원회에서 정한 등급(갑, 을, 병 등)은 병원 규모와 의료 수준을 보여주는 종합 지표이다.

公立医院：指经济类型为国有和集体的医院。

공립병원: 경제 유형은 국가소유와 집단병원을 말한다.

民营医院：指经济类型为国有和集体以外的医院，包括联营、股份合作、私营、台港澳投资和外国投资等医院。

민영병원: 경제 유형은 국가소유와 집단 이외의 병원으로, 공동경영, 지분협력, 민영, 대만 홍콩 호주투자, 외국투자 등의 병원을 포함한다.

基层医疗卫生机构：包括社区卫生服务中心（站）、乡镇(街道)卫生院、村卫生室、门诊部、诊所(医务室)；

말단의료위생기관: 지역위생서비스센터(역), 소도시(거리)보건소, 마을 위생실, 외래진료부, 진료소(의무실)을 포함한다.

专业公共卫生机构：包括疾病预防控制中心、专科疾病防治机构、健康教育机构、妇幼保健机构、急救中心（站）、采供血机构、卫生监督机构、卫生部门主管（暂不含计生部门主管）的计划生育技术服务机构；

전문공공위생기관: 질병예방통제센터, 전문질병예방기관, 건강교육기관, 부녀유아 보건병원, 구급센터(역), 혈액 채혈기관, 위생감독기관, 위생부 주관(산아 제한부 주관자 임시 제외)의 산아 제한 계획 기술 서비스 기관.

其他医疗卫生机构：包括疗养院、医学科研机构、医学在职教育机构、医学考试中心、人才交流中心、统计信息中心等卫生事业单位。

기타 의료기관: 요양원, 의학연구기관, 의학 재직교육기관, 의학시험센터, 인재교류센터, 통계정보센터 등 위생 비영리사업기관을 포함한다.

说明：설명：

医院的床位数：병원의 침대 수：

凡以 "医院" 命名的医疗机构 , 住院床位总数应在20张以上。

"병원"이라는 이름을 가진 의료기관의 경우 입원 침대 수는 총 20개 이상이어야 한다.

一级综合医院 ; 住院床位总数20至99张。

1급종합병원; 입원 침대 수는 20~99개.

二级综合医院 ; 住院床位总数100至499张。

2급종합병원; 입원 침대 수는 100~499개.

三级级综合医院 ; 住院床位总数500张以上。

3급종합병원; 입원 침대 수는 500개 이상.

乡镇卫生院 : 소도시보건소

床位总数在19张以下的乡 (镇) 、街道卫生院

전체 침대 수가 19개 이하의 향 (진), 거리 보건소

床位总数20至99张的乡 (镇) 、街道卫生院

전체 침대 수가 20~99개의 향 (진), 거리 보건소

各专科医院 , 不同的专科 , 要求不同。总体床位数要求比综合医院低一些。

각 전문병원마다 전공별로 요구가 다르다. 전체 침대 수는 종합병원보다 약간 적게 요구된다.

（以上内容来源于网络）

(위 내용의 출처는 인터넷이다)

第二章 / 제2장

门诊
외래 진찰

生词

浑身 húnshēn		[명사] 온몸. 전신.
症状 zhèngzhuàng		[명사] (병의) 증상. 증세.
出现 chūxiàn		[동사] 나타나다. 출현하다.
体温 tǐwēn		[명사] 체온.
发烧 fāshāo		[동사] 열이 나다.
大概 dàgài		[형용사] 대략의. 개략의. 대강의.
把脉 bǎmài		[동사] 진맥하다. 맥을 짚다.
咳嗽 késou		[명사, 동사] 기침(하다).
嗓子 sǎngzi		[명사] 목.
肿 zhǒng		[동사] 붓다. 부어오르다.
发炎 fāyán		[명사, 동사] 염증(을 일으키다).
听诊器 tīngzhěnqì		[명사] 청진기.
引起 yǐnqǐ		[동사] 야기하다. 초래하다. 불러일으키다.
开 kāi		[동사] 처방하다.
消炎药 xiāoyányào		[명사] 소염제. 소염 진통제.

按照 ànzhào	[개사] ⋯에 따라. ⋯에 의거하여.
说明书 shuōmíngshū	[명사] 설명서
打针 dǎzhēn	[동사] 주사를 놓다. 침을 놓다.
输液 shūyè	[동사] 수액을 놓다. 링거를 맞다[놓다].

对话

（被叫到号码牌后，敲门进去……）
（번호가 불린 후, 노크를 하고 들어가서……）

金民浩 : 医生，您好！

　　　Yīshēng, nín hǎo!

　　　의사 선생님, 안녕하세요!

医　生 : 您好，请坐吧！哪里不舒服？

　　　Nín hǎo, qǐng zuò ba! Nǎ lǐ bù shūfu?

　　　안녕하세요. 앉으세요! 어디가 불편하세요?

金民浩 : 我这几天总是感觉浑身没有力气，头也有点儿疼。

　　　Wǒ zhè jǐ tiān zǒngshì gǎnjué húnshēn méiyǒu lìqi, tóu yě yǒu diǎnr téng.

　　　저는 요 며칠 동안 온몸에 힘이 없고, 머리도 좀 아퍼요.

医　生 : 这种症状出现多久了？体温怎么样？发烧吗？

　　　Zhè zhǒng zhèngzhuàng chūxiàn duō jiǔ le? Tǐwēn zěnmeyàng? Fāshāo ma?

　　　이런 증상이 나타난 지 얼마나 되었습니까? 체온은 어떤 가요? 열이 있
나요?

金民浩 : 大概三四天了，这两天有点儿发烧。

Dàgài sān sì tiān le, zhè liǎng tiān yǒu diǎnr fāshāo.

대략 삼사일정도 되었어요, 이틀 간은 좀 열도 났어요.

医 生:来,拿好温度计,量下体温。咳嗽吗?嗓子疼吗?

Lái, ná hǎo wēndùjì, liáng xià tǐwēn. Késou ma? Sǎngzi téng ma?

자, 온도계를 가져와서 체온을 재세요. 기침은요? 목이 아프신 가요?

金民浩:嗓子有点儿疼,但是不咳嗽。

Sǎngzi yǒu diǎnr téng, dànshì bú késou.

목도 좀 아프지만, 기침은 안 해요.

医 生:来,张开嘴,"啊"。

Lái, zhāng kāi zuǐ, "Ā".

자, 입을 벌려보세요, 아~.

金民浩:"啊"。

"Ā".

아.

医 生:嗓子有点儿红肿,是发炎了。来,我用听诊器听一下。

Sǎngzi yǒu diǎnr hóng zhǒng, shì fāyán le. Lái, wǒ yòng tīngzhěnqì tīng yí xià.

목이 좀 빨갛게 부어올랐어요. 염증이 생긴 거예요. 자, 청진기로 들어 볼게요.

(医生用听诊器听诊)

(의사는 청진기로 청진했다.)

医 生:看样子是嗓子发炎引起的感冒,我先给你开点儿消炎药和感冒药,回去按照说明书的要求吃。

Kàn yàngzi shì sǎngzi fāyán yǐnqǐ de gǎnmào, wǒ xiān gěi nǐ kāi diǎnr xiāoyányào hé gǎnmàoyào, huí qù ànzhào shuōmíngshū de yāoqiú chī.

보아하니 목의 염증으로 인한 감기인 것 같아요. 일단 소염제와 감기약을 처방해 드릴게요. 돌아가서 설명서대로 드세요.

金民浩 : 谢谢医生! 不用打针输液吗?

Xièxie yīshēng! Bú yòng dǎzhēn shūyè ma?

의사선생님 감사합니다! 주사 링거를 맞을 필요는 없나요?

医 生 : 目前不太严重, 先吃点儿药看看。 怎么了? 你想打针吗?

Mùqián bú tài yánzhòng, xiān chī diǎnr yào kànkan. Zěnme le? Nǐ xiǎng dǎzhēn ma?

현재는 너무 심하지 않아서, 먼저 약을 드시고 볼게요. 왜 그러세요? 주사 맞고 싶으신 가요?

金民浩 : 不不不! 千万别啊! 我最害怕打针了。

Bù bù bù! Qiānwàn bié a! Wǒ zuì hàipà dǎzhēn le.

아니, 아니요! 제발! 주사 맞는 게 제일 무서워요.

医 生 : 呵呵, 现在是换季时节, 注意增添衣物, 保护好嗓子, 多喝点儿白开水。

He he, xiànzài shì huànjì shíjié, zhùyì zēngtiān yīwù, bǎohù hǎo sǎngzi, duō hē diǎnr bái kāishuǐ.

하하, 지금은 환절기라서 옷을 더 껴입으시고, 목도 잘 보호하시고, 물도 많이 마시세요.

金民浩 : 好的好的, 谢谢医生, 我会注意的。

Hǎo de hǎo de, xièxie yīshēng, wǒ huì zhùyì de.

네, 의사선생님 감사합니다. 주의할게요.

医 生 : 你的汉语说得真好! 你是来中国学汉语的吧?

Nǐ de Hànyǔ shuō de zhēn hǎo! Nǐ shì lái Zhōngguó xué Hànyǔ de ba?

중국어 정말 잘하시네요! 중국어 배우러 중국에 오신거죠?

金民浩:哈哈！不是，我是来中国学古典文学的。

　　　Ha ha! Bú shì, wǒ shì lái Zhōngguó xué gǔdiǎn wénxué de.

　　　하하! 아니요, 저는 고전문학을 배우러 중국에 왔어요.

医　生:原来你是学古典文学的啊，怪不得你说得这么好！小伙子很厉害啊！

　　　Yuánlái nǐ shì xué gǔdiǎn wénxué de a, guàibude nǐ shuō de zhème hǎo! Xiǎohuǒzi hěn lìhai a!

　　　알고 보니 고전문학을 배우시군요, 어쩐지 이렇게 말을 잘하더라니! 굉장하군요!

金民浩:哪里哪里，您过奖啦！

　　　Nǎli nǎli, nín guòjiǎng la!

　　　천만에요, 과찬이십니다!

语法

1. 看样子…… 보아하니 …(것) 같다.

例句: 看样子马上就要下雨了。

　　　已经十二点了，看样子他不会来了。

　　　看样子你不太喜欢吃辣的啊！

2. 按照 …에 따라. …에 의거하여.

例句: 请按照教授的要求完成论文。

　　　按照常理，应该先刷牙，在吃早饭。

　　　不好意思，我不能按照你说的做。

3. 千万(千万要.../千万不要.../千万别...) 반드시. 꼭. 필히. 제발.

例句:雨下得很大,你开车千万要小心啊!

你嗓子发炎了,最近千万不要吃辣的。

求求你,千万别告诉妈妈。

4. 是......的 '是'이'的'와 호응하여 강조를 나타냄

例句:我是从德国来的。

他是来韩国旅游的。

是公司派他来中国工作的。

5. 原来......怪不得...... 알고보니...어쩐지, 그래서...

例句:原来她感冒了,怪不得没来上课。

原来是妈妈拿走了,怪不得我找不到了。

原来你是中韩混血啊,怪不得你的韩语这么棒!

练习

1. 选择合适的词语填空。

千万 按照 打针 看样子 消炎药 嗓子 大概 肿 说明书 怪不得

(1)原来她没吃早饭,_____她这么饿。

(2)让医生给你开点儿_____吧!

(3)你得_____公司的规定做。

(4)酒后_____不要开车。

（5）孩子们都害怕＿＿＿＿＿。

（6）妹妹昨天哭了一晚，所以今天眼睛＿＿＿＿＿了。

（7）同事小刘最近感冒了，＿＿＿＿＿发炎了。

（8）这个游戏机怎么玩儿啊？有没有＿＿＿＿＿？

（9）打雷了，＿＿＿＿＿快要下雨了。

（10）我昨天熬夜学习了，＿＿＿＿＿两点才睡。

2. 根据本课学过的语法完成句子

（1）他们俩今天一句话也不说，＿＿＿＿＿他们吵架了。

（2）生病了就要好好挺话，＿＿＿＿＿医生说的做。

（3）妹妹不会游泳，＿＿＿＿＿别让她去河边玩儿啊！

（4）这件衣服＿＿＿＿＿为了明天的晚会准备＿＿＿＿＿。

（5）＿＿＿＿＿这是盐，＿＿＿＿＿这么咸。

阅读材料

门诊部普通门诊病员，应先挂号后诊病。挂号室分科挂号，于开诊前半小时开始挂号，停诊前半小时停止挂号。除门诊部办公室或医务部外，任何人无权通知限号或停止挂号。遇有临时限号或停止挂号，均应以文字形式公布于众。初诊病历要填齐首页上端各栏，包括姓名、性别、年龄、籍贯、职业、住址、就诊日期等。同时就诊一科以上，须分别挂号，会诊例外。

외래 진료부의 일반 외래 환자는 먼저 접수 후, 진찰을 받아야 한다. 접수실 분과는 진료 시작 30분 전부터 접수를 하고, 휴진 30분 전부터는 접수를 중지한다. 외래 진료부 사무실이나 의무부를 제외한 누구라도 제한 번호를 통지하거나 접수를 멈출 권한이 없다. 임시로 제한 번호가 있거나 접수 정지를 하면 모두 문자로 공표해야 한다. 초진 병력은 상단의 각 칸에 기입해야 하며 이름, 성별, 나이, 본적, 직업, 주소, 진료일자 등을 포함해야 한다. 동시 진료는 1과 이상, 반드시 구별하여 접수해야 하고, 회진의 경우는 예외로 한다.

门诊部挂号诊病当日有效, 继续就诊应重新挂号。每班帐目要清楚, 现金收费应依规定按时上交。收钱时要唱收, 找钱时, 先给钱后给号, 嘱咐病员当面点清。挂号人员要做到文明礼貌、态度和蔼、扶老携幼, 多方照顾老、弱、残。

외래 진료부 접수 진료는 당일에 유효하므로 계속 진료 시 다시 접수하여야 한다. 계산서는 분명해야 하며, 현금 비용은 규정에 따라 제때에 내야 한다. 돈을 받을 때는 큰소리로 받고, 거스를 때는 돈을 먼저 준 뒤 번호를 주고, 환자들 앞에서 정산하도록 당부한다. 접수원은 반드시 문명하고 예의를 지켜야 하고, 태도가 온화해야 하며, 노인을 부축하고 어린이를 인솔해야 하며, 다방면으로 노인, 약자를 돌봐야 한다.

大医院的话程序如下: 1.门诊大厅挂号, 告诉工作人员你要挂什么科, 看什么号(主治, 副教授还是教授)。有些医院第一次就诊需花一块钱买一张门诊卡, 以后每次看病都刷卡挂号。

대형병원의 경우: 1.진찰 로비에서 접수하고, 어떤 과를 접수해야 하는지, 어떤 번호(주치의, 부교수 또는 교수)를 봐야 하는지를 직원에게 알려준다. 어떤 병원은 처음 진찰을 받으려면 1위안으로 외래 진료 카드를 사야 하고, 이후에 진찰을 받을 때마다 카드를 긁고, 접수를 한다.

2.在病历本上写好病人的名字性别年龄, 拿着挂好的号子去找该科的门诊, 将本子和号子交给导诊台的护士要她给你排队。等排到你的时候护士会指示你应该进哪个房间就诊。

진료기록본에 환자 이름, 성별, 나이를 적어 놓고, 접수 번호를 들고 이 과의 진료를 받으러 가서 진료기록본과 번호를 접수처에 제출하고, 간호사가 줄을 서 달라고 한다. 본인의 차례가 되면 간호사가 어느 방에 들어가서 진료를 보는지 알려 줄 것이다.

3.进房间后和医生对话, 医生如果认为你要做检查, 就会给你开检查单。拿着你的所有单子, 去收费的地方划价缴费。有些大型检查需要先拿单子去检查的地方划价或者预约，然后再缴费。有些检查像抽血，B超需要空腹，则看病的前一天晚上不能吃很多，进清淡饮食，不能吃夜宵，看病的当天不能吃早饭，但可以喝水。

방에 들어가서 의사와 대화할 때 만약 의사가 당신이 검사를 해야 한다고 생각되면 검사표를 줄 것이다. 당신은 모든 표를 가지고 수납하는 곳에 가서 산정을 해서 요금을 납부한다. 몇몇 큰 검사들은 먼저 검사표를 가지고 가서 검사하는 곳에 산정을 하거나 예약을 한 후에 요금을 내야 한다. 피를 뽑거나 B형 초음파 진단을 하면 공복이어야 한다. 환자는 전날 밤에는 많이 먹지 못하고, 담백한 음식을 먹고, 야식을 먹을 수 없으며, 진찰을 받은 날은 아침을 먹을 수 없지만 물을 마실 수 있다.

4. 缴费完毕后执发票和检查单排队检查。检查完后应等待结果出来。结果出来以后，将所有的检查结果拿到你看病的医生那里去，要他告诉你这些检查结果是什么意思。医生看完之后，就会告诉你是什么病，要怎么治。然后就会给你开药。

비용 납부가 완료되면 영수증과 검사표를 들고 줄을 서서 검사한다. 검사가 완료되면 결과가 나올 때까지 기다려야 한다. 결과가 나오면 모든 검사 결과를 가지고 당신을 진찰한 의사에게 가져가서 이 검사 결과들이 무슨 뜻인지 알려 달라고 한다. 의사가 다 보고 나면 무슨 병인지, 어떻게 치료해야 하는지 알려줄 것이다. 그리고 곧 약을 처방해 드릴 것이다.

5. 拿着医生开药的处方再次去收费处划价缴费，执处方和发票去拿药。拿到药以后应询问药师这个药怎么吃法。如果需要打针，就拿着药去门诊注射室，将药品和处方、病历本、发票交给护士，等待打针。

의사가 처방한 처방전을 가지고 다시 한번 요금소에 가서 정산하고 처방전과 영수증을 가지고 약을 받으러 간다. 약을 받은 후에는 약사에게 이 약을 어떻게 복용하는지 물어봐야 한다. 주사를 맞아야 할 경우 약을 들고 외래 진료 주사실로 가 약품과 처방, 진료기록본, 영수증을 간호사에게 주고, 주사를 대기한다.

（以上内容来源于网络）
（위 내용의 출처는 인터넷이다）

第三章

化验/拍片
검사하다/엑스레이(X-ray)를 찍다

生词

不小心 bù xiǎoxīn	실수하다. 부주의하다.
扭 niǔ	[동사] (발목 따위를) 삐다. 접질리다.
脚踝 jiǎohuái	[명사] 복사뼈.
贴 tiē	[동사] 붙이다.
膏药 gāoyào	[명사] 고약.
按 àn	[동사] (손이나 손가락으로) 누르다.
判断 pànduàn	[명사, 동사] 판단(하다). 판정(하다).
局部 júbù	[명사] 국부. (일)부분.
骨折 gǔzhé	[명사, 동사] 골절(되다).
详细 xiángxì	[형용사] 상세하다. 자세하다.
拍片 pāipiàn	[동사] 엑스레이(X-ray)를 찍다.
陪 péi	[동사] 모시다. 수행하다. 동반하다.
缴费 jiǎofèi	[동사] 비용을 납부하다.
放射科 fàngshèkē	방사선과.
顺着 shùnzhe	[동사] …에 따르다.

金民浩: 医生您好，我的左脚不小心扭到了。

Yīshēng nín hǎo, wǒ de zuǒ jiǎo bù xiǎoxīn niǔ dào le.

의사 선생님 안녕하세요. 제 왼발을 실수로 삐었어요.

医　生: 来来，慢慢坐下，我看看。脚踝处已经肿起来了，几天了？

Lái lái, mànman zuò xià, wǒ kànkan. Jiǎohuái chù yǐjīng zhǒng qǐlái le, jǐ tiān le?

자, 천천히 앉으세요, 제가 볼게요. 발목 부위가 벌써 부어올랐네요. 며칠이나 됐나요?

金民浩: 昨天晚上打球的时候扭到的，回去贴了膏药，但是今天起床后发现肿得更厉害了。

Zuótiān wǎn shàng dǎ qiú de shíhou niǔ dào de, huí qù tiē le gāoyào, dànshì jīntiān qǐchuáng hòu fāxiàn zhǒng de gèng lìhai le.

어제 밤에 공을 차면서 삐었어요. 돌아가서 고약을 붙였는데, 오늘 일어나니까 더 심하게 부었더라고요.

医　生: 这里按下去疼吗？

Zhè lǐ àn xiàqù téng ma?

여기를 누르면 아프신 가요?

金民浩: 疼!

Téng!

아퍼요!

医　生: 这里呢？

Zhè lǐ ne?

여기는요?

金民浩：也疼！

　　　　Yě téng!

　　　　거기도 아퍼요!

医　生：目前判断可能局部骨折了，详细的情况还需要拍个片才能知道。

　　　　Mùqián pànduàn kěnéng júbù gǔshé le, xiángxì de qíngkuàng hái xūyào pāi gè piàn cáinéng zhīdào.

　　　　현재까지는 일부 골절이 된 것으로 판단됩니다. 자세한 것은 엑스레이 촬영을 해봐야 알 수 있습니다.

医　生：你是一个人来的吗？

　　　　Nǐ shì yī gè rén lái de ma?

　　　　당신은 혼자 오셨나요?

金民浩：不不，室友陪我来的，他在门外等着呢。

　　　　Bù bù, shìyǒu péi wǒ lái de, tā zài mén wài děng zhe ne.

　　　　아니요. 룸메이트랑 같이 왔어요. 그는 문밖에서 기다리고 있어요.

医　生：好的，那我给你开个拍片的单子，让朋友去一楼缴个费，然后拿着缴费单一起去放射科拍个片，然后再拿过来找我看看。

　　　　Hǎo de, nà wǒ gěi nǐ kāi gè pāipiàn de dānzi, ràng péngyǒu qù yī lóu jiǎo gè fèi, ránhòu ná zhe jiǎofèidān yīqǐ qù fàngshèkē pāi gè piàn, ránhòu zài ná guò lái zhǎo wǒ kànkan.

　　　　네, 그럼 제가 엑스레이 촬영 리스트를 드릴게요. 친구보고 1층에 가서 요금을 내도록 하고, 비용 납부서를 가지고 같이 방사선과에 가서 사진을 찍고, 다시 가지고 저를 보러 오세요.

金民浩：好的好的，谢谢您医生！不好意思问一下，放射科怎么走？

　　　　Hǎo de hǎo de, xièxiE nín yīshēng! Bù hǎo yìsī wèn yí xià, fàngshèkē zěnme zǒu?

　　　　네 네, 의사 선생님 감사합니다! 죄송합니다, 방사선과는 어떻게 가나요?

医　生：出门右拐，顺着那个方向一直走，到头右拐，然后走到头儿就是了。

Chū mén yòu guǎi, shùn zhe nà gè fāngxiàng yìzhí zǒu, dào tóu yòu guǎi, ránhòu zǒu dào tóur jiù shì le.

문을 나가서 오른쪽으로 돌고, 그 방향으로 쭉 가다가, 맨 끝에서 오른쪽으로 돌고, 맨 끝까지 가면 됩니다.

金民浩：好的好的，太谢谢您了！

Hǎo de hǎo de, tài xièxie nín le!

네 네, 매우 감사합니다!

医　生：没事儿，不用客气！小心你的脚啊！

Méi shìr, bú yòng kèqi! Xiǎoxīn nǐ de jiǎo a!

아니에요, 괜찮아요! 발 조심하세요!

(到了放射科)

(방사선과에 도착하고)

护　士：来，坐在床上，慢慢地把鞋和袜子脱了，把脚放在这儿。

Lái, zuò zài chuáng shang, mànman de bǎ xié hé wàzi tuō le, bǎ jiǎo fàng zài zhèr.

자, 침대에 앉아서 천천히 신발과 양말을 벗고, 발을 여기에 두세요.

金民浩：好的好的！对了，不要担心，我每天都洗澡，我的脚很干净的！

Hǎo de hǎo de! Duì le, bú yào dānxīn, wǒ měi tiān dōu xǐzǎo, wǒ de jiǎo hěn gànjìng de!

네 네! 맞다, 걱정 마세요. 전 매일 샤워해서, 제 발은 깨끗해요!

护　士：哈哈！知道了，你是一个爱干净的人！快坐吧！

Ha ha! Zhīdào le, nǐ shì yí gè ài gàn jìng de rén! Kuài zuò ba!

하하! 알겠어요. 당신은 깨끗한걸 좋아하는 사람이군요! 빨리 앉으세요!

1. ......**起来** (동사·형용사 뒤에 쓰여) 동작이 시작되고 계속됨을 나타냄.

例句 : 天气冷起来了, 要多穿衣服啊!

　　　水滚起来了, 可以把饺子放进去了。

　　　不要担心, 一切都会好起来的。

2. ......**下去** (趋向补语, 表方向) (위에서 아래로) 내려가다. (방향보어, 방향을 나타냄.)

例句 : 来, 你先躺下去休息一会儿。

　　　别怕苦, 把药咽下去, 这样你的病才能好!

　　　小心点儿! 墙太高了, 别掉下去了!

3. **陪** 모시다. 수행하다. 동반하다.

例句 : 爷爷生病住院了, 我要在医院陪她。

　　　他最不喜欢陪女朋友逛街。

　　　星期天你陪我去看电影, 好吗?

4. ...**个**... (离合词 이합사 /动宾短语 동빈구) 동사와 목적어 사이에 쓰인다.

例句 : 我先洗个澡, 你坐这儿等我一下。

　　　咱们现在去吃个饭, 然后一起去图书馆借书。

　　　考完试了, 咱们一起去唱个歌, 放松放松!

5. **顺着** …에 따르다. …를 쫓다.

例句:顺着这条路一直走,前面就有一家药店。

他不喜欢顺着妈妈的意思做,所以经常和妈妈吵架。

顺着这条线索,我们就能判断谁是凶手。

练习

1.选择合适的词语填空。

左拐 缴费单 膏药 拍片 判断 局部 按 骨折 不小心 详细

(1)打完针后,用手_____一下。

(2)出门_____,走五十米左右就有公交车站了。

(3)不好意思,我_____把杯子打碎了,我再给你买个新的吧!

(4)我最近肩膀很疼,你帮我贴个_____吧。

(5)具体原因我们也看不出来,还是去医院_____看看吧。

(6)上个月的电费是多少?_____在哪儿?

(7)根据聊天内容,我们可以_____,他们是很好的朋友。

(8)这个屋子太久了,_____漏水很严重。

(9)我有点儿不明白,你能说得_____点儿吗?

(10)他的右手_____了,近期要用左手写字了。

2. 根据本课学过的语法完成句子

(1)三月的天气暖和_____了,花要开了。

(2)快把枪放_____!玩儿枪是很危险的!

（3）我每个周末都回家＿＿＿＿＿＿爸妈一起吃饭。

（4）你可以帮我看下包吗？我去点＿＿＿＿＿＿餐。

（5）＿＿＿＿＿＿那条路往前走，大概走一百，就是我家了。

血液检查
혈액검사

血常规是最一般，最基本的血液检验。血液由液体和有形细胞两大部分组成，血常规检验的是血液的细胞部分。血液有三种不同功能的细胞——红细胞(俗称红血球)，白细胞(俗称白血球)、血小板。通过观察数量变化及形态分布，判断疾病。是医生诊断病情的常用辅助检查手段之一。

적혈구 계수는 가장 일반적이다. 가장 일반적이고 기본적인 혈액검사이다. 혈액은 액체와 유형세포의 두 부분으로 구성되는데, 혈액은 일반적으로 혈액의 세포부분을 검사한다. 혈액에는 세 가지 다른 기능의 세포인 적혈구, 백혈구, 혈소판이 있다. 수의 변화 및 형태 분포를 관찰하여 질병을 판단한다. 의사가 병을 진단하는 상용 보조 검사 중 하나다.

注意事项 : 주의사항:

检查前 : (1)抽血前一天不吃过于油腻、高蛋白食物，避免大量饮酒。血液中的酒精成分会直接影响检验结果。(2)体检前一天的晚八时以后，应开始禁食12小时，以免影响检测结果。(3)抽血时应放松心情，避免因恐惧造成血管的收缩，增加采血的困难。

검사 전: (1) 피를 뽑기 전날에는 너무 기름지고, 고단백 식품을 먹지 않고, 다량의 음주를 피한다. 혈액 중 알코올 성분은 검사 결과에 직접적인 영향을 미친다. (2) 신체검사 전날 오후 8시 이후에는 검사 결과에 영향을 미치지 않도록 12시간의 금식을 시작해야 한다. (3) 피를 뽑을 때는 긴장을 풀고 공포로 인한 혈관의 수축과, 채혈의 어려움의 증가를 방지해야 한다.

检查后 : (1)抽血后，需在针孔处进行局部按压3-5分钟，进行止血。注意 : 不要揉，以免造成皮下血肿。(2)按压时间应充分。各人的凝血时间有差异，有的人需要稍长的时间方可凝血。所以当皮肤表层看似未出血就马上停止压迫，可能会因未完全止血，而使血液渗至皮下造成青淤。因此按压时间长些，才能完全止血。如有出血倾向，更应延长按压时间。(3)抽血后出现晕针症状如 : 头晕、眼花、乏力等应立即平卧、饮少量糖水，待症状缓解后再进行体检。(4)若局部出现淤血，24小时后用温热毛巾湿敷，可促进吸收。

검사 후: (1) 채혈하고, 주사구멍에 최소한 3-5분 동안 눌러 지혈한다. 주의: 피하 혈종이 생기지 않도록 문지르지 않도록 한다. (2) 지혈 시간은 충분해야 한다. 각 사람의 응혈 시간은 차이가 있고, 어떤 사람은 약간의 시간이 지나야만 응혈이 가능하다. 그래서 피부 표면이 출혈이 없는 것처럼 보일 때 바로 압박을 멈추게 되고, 그러면 완전히 지혈되지 않아 피가 피부 밑으로 스며들어 멍이 들 수 있다. 그래서 길게 눌러야 피가 완전히 멎는다. 만약 출혈이 있으면 지혈 시간을 더 연장해야 한다.

（以上内容来源于网络）

(위 내용의 출처는 인터넷이다)

第四章 제4장	**住院** 입원하다

生词

后侧 hòucè	뒤쪽.
裂缝 lièfèng	[명사] 금. 균열 [동사] 금이 가다. 갈라지다.
脚踝骨 jiǎohuáigǔ	발목뼈.
打石膏 dǎ shígāo	깁스하다.
输液 shūyè	[동사] 수액을 놓다. 링거를 맞다[놓다].
静养 jìngyǎng	[동사] 정양하다. 몸과 마음을 안정하여 휴양하다.
申请 shēnqǐng	[명사, 동사] 신청(하다).
手续 shǒuxù	[명사] 수속. 절차.
救人一命胜造七级浮屠 jiù rén yí mìng shèng zào qī jí fútú	
	한 사람의 생명을 구하는 것이, 7층 불탑을 쌓는 것보다 낫다.
江湖救急 jiānghú jiùjí	위급한 상황에서, 다른 사람의 도움이 매우 필요하다.
病房 bìngfáng	[명사] 병실.
拜托 bàituō	[동사][경어] (삼가) 부탁드립니다. 부탁드리다.
职责 zhízé	[명사] 직책. 직무상의 책임.
住院部 zhùyuànbù	[명사] 입원 접수처. 입원부.

基础设施 jīchǔshèshī	[명사] 인프라.
	경제 활동의 기반을 형성하는 기초적인 시설들.
访客 fǎngkè	[명사] 방문객
安全须知 ānquánxūzhī	안전규정.안전준칙.
注意事项 zhùyìshìxiàng	주의사항. 주의항목
一个头两个大 yí gè tóu liǎng ge dà	어떤 일이 너무 번거롭다.
	스스로 해결할 방법이 없어서 이 일이 매우 골치가 아프다.
随时 suíshí	[부사] 수시(로). 언제나.
期待 qīdài	[명사, 동사] 기대(하다).
不仅...而且... bùjǐn…érqiě…	...일 뿐만 아니라, 게다가...
赞 zàn	[동사] 칭찬하다. 찬양하다.
不亚于 bú yàyú	[형용사] …에 뒤지지 않다. …보다 못지 않다.

对话

（医生看了片子以后……）
(의사선생님이 엑스레이 사진을 보고 나서……)

医　生 : 左脚踝后侧有几处骨折，裂缝比较大，有几块脚踝骨也碎了，比较严重，打个石膏，再输几天液。

　　　　Zuǒ jiǎohuái hòucè yǒu jǐ chù gǔzhé, lièfèng bǐjiào dà, yǒu jǐ kuài jiǎohuáigǔ yě suì le, bǐjiào yánzhòng, dǎ gè shígāo, zài shū jǐ tiān yè.

　　　　왼쪽 발목 뒤쪽 몇 군데가 골절돼서 금이 많이 갔고, 발목뼈 몇 개도 부서졌어요. 비교적 심한상태여서 깁스를 하고, 며칠 더 링거를 맞아야 합니다.

金民浩：啊？这么严重啊？早知道打球的时候就小心点儿好了……

Á? Zhème yánzhòng a? Zǎo zhīdào dǎ qiú de shíhou jiù xiǎoxīn diǎnr hǎo le……

아? 이렇게 심각한가요? 진작 이럴 줄 알았더라면 공 찰 때 조심했을 텐데……

医　生：对啊，以后运动的时候，平时走路，都得小心点儿啊。不过也不用太担心，静养几天，输几天液就好了。

Duì a, yǐhòu yùndòng de shíhou, píngshí zǒulù, dōu děi xiǎoxīn diǎnr a. Búguò yě bú yòng tài dānxīn, jìngyǎng jǐ tiān, shū jǐ tiān yè jiù hǎo le.

맞아요, 앞으로 운동할 때, 평소에 걸을 때, 모두 조심하셔야 해요. 하지만 크게 걱정할 필요는 없어요. 며칠 정양하고, 링거 맞으면 괜찮아요.

金民浩：医生，要输几天液的话，我想申请住院，学校离这儿有点儿远，每天来来回回不太方便。

Yīshēng, yào shū jǐ tiān yè de huà, wǒ xiǎng shēnqǐng zhùyuàn, xuéxiào lí zhèr yǒu diǎnr yuǎn, měitiān lái lái huí huí bú tài fāngbiàn.

의사 선생님, 며칠 동안 링거를 맞아야 한다면 입원을 하고 싶어요. 학교가 여기서 좀 멀어서 매일 오가는 게 불편해요.

医　生：可以啊，需要的话，可以给你办个住院手续。

Kěyǐ a, xūyào de huà, kěyǐ gěi nǐ bàn gè zhùyuàn shǒuxù.

가능합니다. 필요하시다면, 입원 수속을 해드릴 수 있습니다.

金民浩：谢谢您医生！救人一命胜造七级浮屠啊！

Xièxie nín yīshēng! Jiù rén yī mìng shèng zào qī jí fú tú a!

의사 선생님 감사합니다! 한 사람의 생명을 구하는 것이, 7층 불탑을 쌓는 것보다 낫다잖아요!

医　生：哈哈哈哈！你的汉语真地道啊！这都知道啊！

Ha ha ha ha! Nǐ de Hànyǔ zhēn dìdào a! Zhè dōu zhīdào a!

하하하하! 당신의 중국어는 정말 능숙하군요! 이것도 다 알다니!

金民浩 : 嘿嘿 , 每次我的中国朋友找我 "江湖救急" 时 , 都会这么说 , 我也就学会了 !

Hei hei, měicì wǒ de Zhōngguó péngyǒu zhǎo wǒ "jiāng hú jiù jí" shí, dōu huì zhème shuō, wǒ yě jiù xué huì le.

헤헤, 중국인 친구가 저를 위급한 상황에서, 도움이 매우 필요하다고 찾을 때마다, 그렇게 말해서 저도 배웠어요!

医 生 : 哈哈哈 , 真是好朋友啊 ! 好 , 那我给你开个单子 , 去一楼办下住院手续 , 三点我去你的病房给你打石膏。

Ha ha ha, zhēn shì hǎo péngyǒu a ! Hǎo, nà wǒ gěi nǐ kāi gè dānzi, qù yī lóu bàn xià zhùyuàn shǒuxù, sān diǎn wǒ qù nǐ de bìngfáng gěi nǐ dǎ shígāo.

하하하, 정말 좋은 친구군요! 좋아요, 그럼 계산서를 끊어 줄게요. 1층에 가서 입원 수속을 하세요. 제가 3시에 병실에 가서 깁스를 해 줄게요.

金民浩 : 知道了 , 医生 ! 那这几天就拜托您啦 !

Zhīdào le, yīshēng ! Nà zhè jǐ tiān jiù bàituō nín la!

알았어요, 의사 선생님! 그럼 요 며칠 동안 부탁드릴게요!

医 生 : 哪里的话 , 这是我的职责嘛 ! 哈哈 , 小心脚啊 !

Nǎ lǐ de huà, zhè shì wǒ de zhízé ma ! Ha ha, xiǎoxīn jiǎo a!

별말씀을요, 제 직책이잖아요! 하하, 발 조심하세요!

（办完住院手续后......）

（입원 수속 후......）

金民浩 : 您好 ! 我刚刚办完了住院手续 , 您能帮我看看 , 我该往哪儿走呢 ?

Nín hǎo ! Wǒ gānggang bàn wán le zhùyuàn shǒuxù, nín néng bāng wǒ kànkan, wǒ gāi wǎng nǎr zǒu ne?

안녕하세요! 방금 입원 수속을 마쳤는데, 어디로 가야 할지 좀 봐주시겠어요?

引导员 : 好的 , 把住院单给我看看。(接过单子) 您要从这个门出去, 出去后右手边就是住院部大楼, 您的房间是二楼505号, 进入后找一号床就可以了。

Hǎo de, bǎ zhùyuàn dān gěi wǒ kànkan. (jiē guò dānzi) nín yào cóng zhè gè mén chū qù, chū qù hòu yòu shǒu biān jiù shì zhùyuànbù dàlóu, nín de fángjiān shì èr lóu 505hào, jìn rù hòu zhǎo yī hào chuáng jiù kěyǐ le.

네, 입원증을 좀 보여주세요. (입원증을 받음) 당신은 이 문으로 나가셔야 합니다. 나가시면 오른쪽에 입원부 빌딩이 있고, 당신의 방은 2층 505호이고, 방에 들어가셔서 1번 침대를 찾으시면 됩니다.

金民浩 : 好的好的, 谢谢您!

Hǎo de hǎo de, xièxie nín!

네 네, 감사합니다!

(找到病床后 , 坐下......)

(병상을 찾은 후, 앉아......)

护　士 : 您好, 是一号床的金民浩先生吗?

Nín hǎo, shì yī hào chuáng de Jīn Mínhào xiānshēng ma?

안녕하세요. 1번 침대에 김민호씨 이신가요?

金民浩 : 对对, 我就是。

Duì duì, wǒ jiù shì.

네 네, 저예요.

护　士 : 这是我们的住院须知, 里面有一些住院部基础设施的介绍、用餐介绍、访客时间和要求等等, 还有一些安全须知和注意事项, 请您仔细阅读一下。

Zhè shì wǒmen de zhùyuàn xūzhī, lǐ miàn yǒu yì xiē zhùyuànbù jīchǔ shèshī de jièshào、yòngcān jièshào、fǎngkè shíjiān hé yāoqiú děng děng, háiyǒu yì xiē ānquánxūzhī hé zhù yì shìxiàng, qǐng nín zǐxì yuèdú yí xià.

이것은 저희 병원의 입원수칙입니다. 안에 입원부 인프라에 대한 소개, 식사소개, 방문객 시간과 요구 등, 그리고 안전규정, 주의사항도 있으니 잘 읽어 보시기 바랍니다.

金民浩：哇……这么多汉字啊……我现在一个头两个大了……

　　　Wa…zhème duō hànzì a…wǒ xiànzài yí gè tóu liǎng gè dà le…

　　　와......이렇게 한자가 많다니...... 전 지금 스스로 해결할 방법이 없어서 이 일이 매우 골치가 아퍼요......

护　士：不要着急，慢慢看，有不懂的随时问我。

　　　Bú yào zháojí, mànman kàn, yǒu bú dǒng de suíshí wèn wǒ.

　　　조급해하지 마시고, 천천히 보고, 모르는게 있으시면 언제든지 물어보세요.

金民浩：那真是太感谢了！对了，说到问题，我现在就有一个！

　　　Nà zhēn shì tài gǎnxiè le！Duì le, shuō dào wèntí, wǒ xiànzài jiù yǒu yí gè！

　　　정말 감사드려요！맞다, 질문을 하자면, 저 지금 한가지 있어요.

护　士：您请说！

　　　Nín qǐng shuō！

　　　말씀하세요！

金民浩：请问，咱们医院的饭菜怎么样啊？味道好不好啊？我还没吃过中国的医院餐呢！好期待啊！

　　　Qǐng wèn, zánmen yīyuàn de fàncài zěnmeyàng a？Wèidào hǎo bu hǎo a？Wǒ hái méi chī guo Zhōngguó de yīyuàncān ne！Hǎo qīdài a！

　　　실례하겠습니다. 저희 병원 음식은 어떤가요？ 맛있나요？ 전 아직 중국병원 음식을 먹어본 적이 없어요！ 엄청 기대돼요！

护　士：哈哈哈！那还用说！咱们医院的饭菜不仅营养均衡，而且味道也很赞！不亚于外面的饭店。

　　　Ha ha ha！Nà hái yòng shuō！Zánmen yīyuàn de fàncài bùjǐn yíngyǎng jūnhéng, érqiě wèidào yě hěn zàn! Bú yàyú wàimiàn de fàndiàn.

하하하! 그건 말할 필요도 없어요! 저희 병원 음식은 영양 균형이 잘 잡혀 있을 뿐만 아니라, 맛도 아주 좋아요! 바깥 식당 못지 않아요.

金民浩 : 哇!真的吗?那我今天要好好品尝品尝啦!

Wa! Zhēn de ma? Nà wǒ jīntiān yào hǎohao pǐncháng pǐncháng la!

와! 정말요? 그럼 전 오늘 맛 좀 봐야겠어요!

语法

1. 早知道......就...... 진작 이럴 줄 알았더라면...... 바로......

例句 : 早知道今天会下雨, 我就带雨伞了。

早知道考试这么难, 我就好好准备准备了。

早知道你不能吃辣的, 我们就不吃四川火锅了。

2. 拜托 (삼가) 부탁드립니다. 부탁드리다.

例句 : 我下次真的不会迟到了, 拜托你了!

拜托您帮我看一下孩子, 可以吗?

拜托拜托了! 帮帮我, 我自己真的做不完了。

3. 随时 수시로. 언제나. 아무 때나.

例句 : 随时欢迎你来我们家玩儿!

若果有什么问题, 随时联系我!

我就在楼下, 有事儿随时叫我。

4. 说到 언급하다.

例句 : 说到济州岛, 我就想到了黑猪肉。

说到上次的会议, 我想起来我还有一些工作没做完。

说到四川, 突然很想吃火锅。

5. 不仅...而且... ...일 뿐만 아니라, 게다가...

例句 : 他不仅是我的爸爸, 还是我最好的朋友。

小张不仅会做中国菜, 还会做西餐。

今年的冬天不仅没下雪, 而且天气也不冷。

6. 不亚于 …에 못지않다. 뒤지지 않다.

例句 : 朋友的汉语不亚于中国人。

他做菜的水平不亚于厨师。

爸爸的乒乓球打得不亚于专业选手。

练习

1. 选择合适的词语填空。

随时　输液　申请　安全须知　期待　不亚于　静养　不仅...而且...　拜托
职责

（1）小明做手术了, 他需要在医院_____一段时间。

（2）医生的_____就是救死扶伤。

（3）你现在发高烧, 你得_____。

（4）我_____了明年去上海大学留学。

（5）妹妹_____英语说得很好，_____日语说得也很好。

（6）妈妈很_____孩子明天的演出。

（7）工作上有什么问题，_____给我打电话。

（8）这是飞机的_____，请大家认真看一下。

（9）城镇今年的发展速度_____二线城市。

（10）明天早上你可以送我去公司吗？_____了！

2. 根据本课学过的语法完成句子

（1）_____你今天来，我_____多做点儿菜了。

（2）_____欢迎您来我们公司参观访问。

（3）_____论文，我还有个地方不太清楚。

（4）明天_____下雪，_____还有暴风。

（5）这孩子唱歌非常好听，_____专业歌手。

阅读材料

医院科室划分
병원 과 분류

门诊部：内科、外科、儿科、妇科、眼科、耳鼻喉科、口腔科、皮肤科、中医科、针灸推拿科、心理咨询室等。

외래 진료 부: 내과, 외과, 소아과, 부인과, 안과, 이비인후과, 구강과, 피부과, 한의과, 침구지압과, 심리상담실 등

住院部：呼吸内科、消化内科、泌尿内科、心内科、血液科、内分泌科、神经内科、小儿科、感染科、普外科、骨科、神经外科、肝胆外科、泌尿外科、烧伤科、妇科、产科、血透室、重症监护室等。

입원부: 호흡기내과, 소화기내과, 비뇨기내과, 심내과, 혈액과, 내분비과, 신경내과, 소아과, 감염과, 외과, 정형외과, 신경외과, 간담외과, 비뇨외과, 화상과, 부인과, 산부인과, 채혈실, 중환자실등.

急诊部 : 内科、外科、妇产科、儿科等。

응급처치부: 내과, 외과, 산부인과, 소아과 등.

药房 : 门诊药房、急诊药房、住院药房、药房仓库等。

약방: 외래 약방, 응급 약방, 입원 약방, 약방 창고 등.

收费室 : 门诊收费窗口、住院收费窗口、急诊收费窗口等。

납부실: 외래 진찰 납부창구, 입원 납부창구, 응급진료 납부창구 등

化验室 : 生化室、检验室、病理室等。

화학 검사실: 생(물)화학실, 검사실, 병리실 등.

放射科 : 拍片室、CT室、透视室、磁共振室、ECT室等。

방사선과: 엑스레이 촬영실, CT실, X선 검사실, 자기공명실, ECT실 등.

手术室 : 更衣间、洗手间、1号手术间、2号手术间、...n号手术间等。

수술실: 탈의실, 화장실, 1번 수술실, 2번 수술실, ...n번 수술실 등.

B超室 : 腹部B超室、心脏B超室、阴道B超室等。

B초음파실: 복부 B초음파실, 심장 B초음파실, 질 B초음파실 등.

行政楼 : 院长办公室、副院长办公室、书记办公室、医教科、院办室、宣传科、防保科、财务科、病案室、医保办、人事科等。

행정동: 원장실, 부원장실, 서기실, 의료교육과, 병원사무실, 홍보과, 보안과, 재무과, 진료기록과, 의료보험처, 인사과 등.

后勤科室 : 衣被室、洗衣间、消毒室、水电工、电脑技术室、锅炉房、木工房、仓库、物资部、设备科、餐厅食堂等。

후방근무과실: 의복과 침구실, 세탁실, 소독실, 수력전기공, 컴퓨터기술실, 보일러실, 목공실, 창고, 물자부, 장비과, 식당 등.

（以上内容来源于网络）

(위 내용의 출처는 인터넷이다)

第五章
제5장

交费
비용을 내다

生词

交费处 jiāo fèi chù	요금 납부처.
医疗卡 yī liáo kǎ	의료카드.
医疗费 yī liáo fèi	의료비.
医疗保险 yī liáo bǎo xiǎn	의료보험.
病历 bìng lì	[명사] 병력. 병력서. 진료 기록.
处方 chǔ fāng	[명사] 처방. [동사] 처방을 내다. 의사가 환자에 약 처방을 내리다.
总共 zǒng gòng	[부사] 전부. 전체. 모두
报销 bào xiāo	[동사] (사용 경비를) 청구하다. 결산하다. 정산하다.
范围 fàn wéi	[명사] 범위.
抱歉 bào qiàn	[동사] 미안하게 생각하다. 미안해하다.
自付 zì fù	자부담.
收据 shōu jù	[명사]영수증.
零钱 líng qián	[명사]잔돈.
现金支付 xiàn jīn zhī fù	현금지불.

刷卡支付 shuā kǎ zhī fù   카드지불.

手机支付 shǒu jī zhī fù   핸드폰지불.

下载 xià zǎi   [동사] 다운로드하다.

微信 wēi xìn   위챗.

支付宝 zhī fù bǎo   알리페이.

绑定 bǎng dìng   귀속.연동.

银行卡 yín háng kǎ   [명사] 은행카드.

操作 cāo zuò   [동사] 다루다. 조작하다.

尝试 cháng shì   [명사, 동사]시험(해 보다). 시행(해 보다).

导医台 dǎo yī tái   진료안내소.

对话

病　人：您好！请问这里是交费处吗？

nín hǎo！qǐng wèn zhè lǐ shì jiāo fèi chù ma？

안녕하세요! 실례지만 여기가 요금 납부처인가요?

工作人员：是的，您好！请把医疗卡和病历本给我。请问您有医疗保险吗？

shì de，nín hǎo！qǐng bǎ yī liáo kǎ hé bìng lì běn gěi wǒ。qǐng wèn nín yǒu yī liáo bǎo xiǎn ma？

맞아요. 안녕하세요! 의료카드와 진료기록서를 저에게 주세요. 실례합니다만 의료보험 있으신가요?

病　人：噢！我有医疗保险。这是我的保险卡。

ō！wǒ yǒu yī liáo bǎo xiǎn。zhè shì wǒ de bǎo xiǎn kǎ。

오! 저는 의료보험 있어요. 이것은 제 의료보험카드 입니다.

工作人员:请稍等。您的医疗费包括诊疗费、药费、化验费等总共是1500元。其中除了可以报销的费用以外,您还需要自付的费用是380元。因为这些费用是不在您的保险报销范围之内的。很抱歉!

qǐng shāo děng。 nín de yī liáo fèi bāo kuò zhěn liáo fèi、 yào fèi、 huà yàn fèi děng zǒng gòng shì 1500 yuán。 qí zhōng chú le kě yǐ bào xiāo de fèi yong yǐ wài, nín hái xū yào zì fù de fèi yong shì 380 yuán。 yīn wèi zhè xiē fèi yòng shì bú zài nín de bǎo xiǎn bào xiāo fàn wéi zhī nèi de。 hěn bào qiàn!

잠시만 기다리세요. 진료비는 약값, 검사비까지 포함해서 1500위안입니다. 이 중 청구할 수 있는 비용 이외에 자부담 지불 비용은 380위안입니다. 이러한 비용은 당신의 보험 청구 범위 내에 있지 않기 때문입니다. 정말 죄송합니다!

病 人:好的,我知道了。

hǎo de, wǒ zhī dào le。

네, 알겠습니다.

工作人员:您是现金支付还是刷卡支付?也可以使用手机支付。

nín shì xiàn jīn zhī fù hái shì shuā kǎ zhī fù? yě kě yǐ shǐ yòng shǒu jī zhī fù。

현금으로 지불하시겠습니까, 카드로 지불하시겠습니까? 휴대폰을 사용하여 지불할 수도 있습니다.

病 人:噢,我还没有使用过手机支付呢,先用现金吧。

ō, wǒ hái méi yǒu shǐ yòng guò shǒu jī zhī fù ne, xiān yòng xiàn jīn ba。

오, 저는 아직 핸드폰 지불을 사용해본 적이 없어요. 현금으로 할게요.

工作人员:好的。收您400元,找您20元。这是您的交费收据和找回的零钱,请收好。

hǎo de。 shōu nín 400 yuán, zhǎo nín 20 yuán。 zhè shì nín de jiāo fèi shōu jù hé zhǎo huí de líng qián, qǐng shōu hǎo。

네. 400위안 받았습니다, 20위안 찾아드릴게요. 이것은 당신의 요금 납부 영수증과 거스름돈이니 잘 받으세요.

病　人：好的，谢谢您！麻烦问一下，应该怎样用手机支付呢？

hǎo de，xiè xiè nín！má fan wèn yí xià，yīng gāi zěn yàng yòng shǒu jī zhī fù ne？

네, 감사합니다! 실례합니다. 핸드폰 결제는 어떻게 하는 건가요?

工作人员：其实，用手机支付还是挺方便的。这里有一份使用说明，您可以看一下。首先您需要在手机里下载微信或支付宝，还需要绑定您的银行卡，然后按照说明来操作就可以了。

qí shí，yòng shǒu jī zhī fù hái shì tǐng fāng biàn de。zhè lǐ yǒu yí fèn shǐ yòng shuō míng，nín kě yǐ kàn yí xià。shǒu xiān nín xū yào zài shǒu jī lǐ xià zǎi wēi xìn huò zhī fù bǎo，hái xū yào bǎng dìng nín de yín háng kǎ，rán hòu àn zhào shuō míng lái cāo zuò jiù kě yǐ le。

사실, 휴대폰으로 지불하는 것이 매우 편리합니다. 여기 사용 설명서가 있는데, 한번 보세요. 먼저 휴대폰에서 위챗이나 알리페이를 다운로드 받아야 하고, 당신의 은행 카드를 연동해야 합니다. 그 다음에 설명대로 조작하면 됩니다.

病　人：是吗？我以前从来没有用过，但是我真的很想尝试一下呢！

shì ma？wǒ yǐ qián cóng lái méi yǒu yòng guò，dàn shì wǒ zhēn de hěn xiǎng cháng shì yí xià ne！

그래요? 저는 전에 한번도 사용해본 적이 없지만 정말 시도해 보고 싶어요!

工作人员：好的。您如果在使用时有不太清楚的地方，可以随时咨询导医台或交费处的工作人员，他们会帮助您的！

hǎo de。nín rú guǒ zài shǐ yòng shí yǒu bú tài qīng chu de dì fang，kě yǐ suí shí zī xún dǎo yī tái huò jiāo fèi chù de gōng zuò rén yuán，tā men huì bāng zhù nín de！

좋아요. 사용하면서 잘 모르는 부분이 있으면, 안내 데스크나 요금 납부소 근무자에게 수시로 문의하시면 도와드리겠습니다!

病人：好的，这么多支付方式，真是太方便了。下次再来的时候我就试一试。谢谢您了！

hǎo de ， zhè me duō zhī fù fāng shì ， zhēn shì tài fāng biàn le 。 xià cì zài lái de shí hou wǒ jiù shì yi shì 。 xiè xiè nín le ！

네, 이렇게 많은 지불방식 있다니, 정말 편리해요. 다음에 또 올 때 제가 한번 해볼게요. 감사합니다!

工作人员:不客气,再见!

bú kè qi ， zài jiàn ！

천만에요, 안녕히 가세요!

语法

1. 把:介词,构成 "把" 字句。常见句式为:主语+ "把" + "把" 字的宾语+谓语动词+其他成分。

개사, "把" 자문을 구성. 일반적인 문장구조: 주어+"把"자문의 목적어+술어동사+기타성분.

例句:妈妈把房间打扫得干干净净。

　　　我把信交给了小李。

2. 除了......:介词,表示不计在内的意思。"除了" 常与方位词 "外"、"之外" 或 "以外" 等搭配使用。常见句式有

개사, …을[를] 제외하고(는). [말하는 것을 계산에 넣지 않는 것을 나타냄]."除了"는 자주 방위사"外"、"之外"또는"以外"와 쓰인다. 일반적인 문장 구조는

　"除了......(以外),都/全",表示排除 "除了" 以后的事物。

"除了"이후의 사물을 제외함을 나타낸다.

"除了……(以外),还/也/又",表示"除了"以后的事物也包括在后边所说的内容范围之内。

"除了"후에 사물도 뒤에 말한 내용의 범위에 포함됨을 나타낸다.

例句:除了面积稍小点儿以外,这套房子都很好。

　　　除了喜欢打篮球以外,他还喜欢唱歌、弹琴。

3. 是)……还是……:表示在两项或几项中任选一项。

두개 또는 몇개 항목 중 하나를 선택할 것을 나타낸다.

例句:你坐飞机去,还是坐火车去?

　　　明天你们去颐和园,还是去香山?

4. 在……之内:在,介词。表示范围和界限。常和某一方位词语组成"在……+方位词"。常见的有"在……里""在……之中""在……之间"等

在, 개사. 범위와 한계를 나타낸다. 자주 방위사와 구성된다."在……+방위사".
자주 볼 수 있는 것은"在……里""在……之中""在……之间"등 이다.

例句:在这几天之内,又传来了令人振奋的好消息。

　　　在许许多多的同学之中,他是我最要好的朋友。

练习

1. 选合适的词语填空

报销 医疗费 病历 范围 微信 支付宝 下载 收据 银行卡 操作 尝试

(1)下次来医院的时候要记得带上你本人的_____。

（2）对不起，我没有带现金，可以用＿＿＿＿或＿＿＿＿支付吗？

（3）请问您的手机绑定＿＿＿＿了吗？

（4）您好，我想办理转帐业务，在这台自助机上应该怎么＿＿＿＿呢？

（5）这台电脑可能有点问题，建议您换一台电脑再＿＿＿＿一下。

（6）要完成网上交费必须先＿＿＿＿一款专用软件才行。

（7）对不起，这个药费不属于报销的＿＿＿＿。

（8）这是给您的钱，麻烦给我开一张＿＿＿＿。

（9）医生，我有医疗保险，但是不知道可以＿＿＿＿多少呢？

（10）最近我的身体不太多，＿＿＿＿花费的比较多。

2. 使用本课学过的语法完成句子

（1）老师＿＿＿＿本子发＿＿＿＿我们了。

（2）除了星期二以外，其它时间我们培训班＿＿＿＿有课。

（3）除了学习规定的课程外，他＿＿＿＿参加了两项科研活动。

（4）教你们汉语的是张老师，＿＿＿＿王老师？

（5）我打算在一个月＿＿＿＿完成这项工作。

（6）　所有的员工之＿＿＿＿，他是年龄最小的一个。

（7）为了通过考试，我＿＿＿＿所有的时间都用在学习上了。

（8）除了一班参加比赛以外，明天＿＿＿＿有哪个班要参加比赛？

（9）我们一起讨论讨论，一定要＿＿＿＿问题搞清楚。

（10）我们怎么去机场呢，＿＿＿＿坐公交车＿＿＿＿是坐地铁？

交费时怎样才能省时又省力？
요금을 낼 때 어떻게 해야만 시간을 절약하고, 수월하게 할 수 있을까?

就诊之后，就要拿着医生开具的处方或检查单去交费，在大医院，这支队伍的长度会长得让很多人感到绝望。其实，也有一些方法是省时省力的。

진료를 받은 뒤 의사의 처방전이나 검사서를 받아가며 비용을 지불해야 하는데 큰 병원에서는 이 줄의 길이가 많은 사람을 절망하게 할 정도다. 사실, 시간을 절약하고 힘을 절약하는 방법도 있다.

一是使用支付宝和微信交费。在移动支付日益发展的今天，已经有越来越多的医院能够提供支付宝和微交费。

첫번째, 알리페이와 위챗을 사용하여 요금을 내는 것이다. 모바일 지불이 날로 발전하는 오늘날, 이미 점점 더 많은 병원들이 알리페이와 위챗으로 지불할 수 있다.

二是自助交费。很多医院都设置了自助挂号交费机，将就诊卡或医保卡等证件插入机器，按照步骤一步一步操作就可以完成交费了。

둘째, 셀프서비스 요금 납부이다. 많은 병원들이 셀프 접수기를 설치해 진료카드나 의료보험카드 등 증명서를 기계에 삽입하고 단계적으로 하나씩 조작하면 요금 납부를 완료할 수 있다.

三是到其它楼层的交费处交费。很多医院都是在一楼设置挂号交费窗口，这些窗口往往也是人最多的。其实，在其他楼层，有时也会设置收费处。在一楼大厅人满为患的时候，聪明的患者多爬几层楼，也许就能找到没人排队的交费处了。

세 번째, 다른 층의 요금 납부소에 가서 요금을 내는 것이다. 많은 병원들이 1층에 접수와 요금 지불 창구를 두고 있으며, 이 창구들은 때때로 가장 사람이 많다. 사실, 다른 층에 수납처를 설치하는 경우도 있다. 1층 로비에 사람이 꽉 찼을 때, 똑똑한 환자들은 몇 층을 더 올라가면, 아무도 줄을 서지 않는 요금 납부처를 찾을 수 있을지도 모른다.

内科
내과

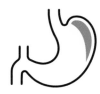

生词

舒服 shū fu		[형용사] (육체나 정신이) 편안하다. 안락하다.
疼痛 téng tòng		[형용사] 아프다.
受不了 shòu bù liǎo		[동사] 참을 수 없다. 견딜 수 없다.
昨晚 zuó wǎn		[명사] 어제 저녁.
胃疼 wèi téng		위통. 위가 아프다.
病史 bìng shǐ		[명사] 병력.
以前 yǐ qián		[명사] 이전.
呕吐 ǒu tù		[명사, 동사] 구토(하다).
拉肚子 lā dù zi		[동사] 설사하다.
急诊室 jí zhěn shì		응급실.
大便 dà biàn		[명사, 동사] 대변(을 보다). 뒤(를 보다).
常规检查 cháng guī jiǎn chá		일반적 검사.
化验单 huà yàn dān		화학 분석표.
化验报告 huà yàn bào gào		화학 검사 보고서.
痢疾 lì ji		[명사] 이질.

贪吃 tān chī		[동사] 게걸스럽게 먹다. 걸신들린 것처럼 먹다.
担忧 dān yōu		[동사] 걱정하다. 근심하다. 염려하다.
饮食 yǐn shí		[명사] 음식. [동사] 음식을 먹고 마시다.
病从口入 bìng cóng kǒu rù		[성어] 병은 입으로 들어간다.
		음식위생에 주의해야 함을 이르는 말.
油腻 yóu nì		[형용사] 기름지다. 느끼하다.
流食 liú shí		[명사] 유동식.
尤其 yóu qí		[부사] 특히. 더욱
尽量 jǐn liàng		[부사] 가능한 한. 되도록.
清淡 qīng dàn		[형용사] (음식이) 담백하다.
按时 àn shí		[부사] 제때에. 제시간에.
服药 fú yào		[동사] 약을 먹다. 약을 복용하다.
康复 kāng fù		[동사] 건강을 회복하다.

对话

大　夫 : 请坐, 你哪里不舒服哇?

　　　 qǐng zuò, nǐ nǎ lǐ bù shū fu wā?

　　　 앉으세요. 어디가 불편하신가요?

病　人 : 大夫, 我肚子疼!

　　　 dài fu, wǒ dù zi téng!

　　　 의사선생님, 저 배가 너무 아퍼요!

大　夫 : 请指给我看看, 是这里疼吗? 还是这里?

qǐng zhǐ gěi wǒ kàn kan , shì zhè lǐ téng ma ? hái shì zhè lǐ ?

저에게 보여주세요. 여기가 아프신가요? 아니면 여기인가요?

病　人 : 对, 对, 就是这里疼。我快疼得受不了了！

duì , duì , jiù shì zhè lǐ téng 。 wǒ kuài téng de shòu bù liǎo le !

네, 네, 바로 여기가 아퍼요. 저는 너무 아파서 견딜 수 없을 지경이에요!

大　夫 : 从什么时候开始疼的？

cóng shén me shí hou kāi shǐ téng de ?

언제부터 통증이 시작됐나요?

病　人 : 从昨天夜里开始疼的。我想可能是昨晚吃得太多了。

cóng zuó tiān yè lǐ kāi shǐ téng de 。 wǒ xiǎng kě néng shì zuó wǎn chī de tài duō le 。

어제 밤부터 계속 아팠어요. 제 생각엔 아마 어젯밤에 너무 많이 먹었나 봐요.

大　夫 : 你有过胃疼病史吗？

nǐ yǒu guò wèi téng bìng shǐ ma ?

위통병력이 있나요?

病　人 : 没有, 以前从来没有这样疼过。

méi yǒu , yǐ qián cóng lái méi yǒu zhè yàng téng guò 。

아니요. 한번도 이렇게 아픈 적이 없었어요.

大　夫 : 你昨晚吃了些什么, 能告诉我吗？

nǐ zuó wǎn chī le xiē shén me , néng gào su wǒ ma ?

어젯밤에 뭘 먹었는지 저에게 알려 주실 수 있나요?

病　人 : 有凉菜, 有肉, 还吃了很多海鲜。

yǒu liáng cài , yǒu ròu , hái chī le hěn duō hǎi xiān 。

냉채, 고기, 그리고 해물도 많이 먹었어요.

大　夫：你有没有呕吐、拉肚子的情况？

　　　　nǐ yǒu méi yǒu ǒu tù 、 lā dù zi de qíng kuàng ？

　　　　구토를 하고, 설사를 하신 적이 있나요?

病　人：吐过一次。昨天晚上还拉肚子了。一晚上去了好几趟厕所。

　　　　tù guò yí cì 。 zuó tiān wǎn shang hái lā dù zi le 。 yì wǎn shang qù le hǎo
jǐ tàng cè suǒ 。

　　　　한번 토를 했어요. 어젯밤에 설사도 했어요. 밤새 화장실에 여러 번 갔
다 왔어요.

大　夫：我明白了。您需要做一个大便常规检查。请您带上化验单。检查完
后，请把化验报告给我送过来。

　　　　wǒ míng bai le 。 nín xū yào zuò yí gè dà biàn cháng guī jiǎn chá 。 qǐng
nín dài shàng huà yàn dān 。 jiǎn chá wán hòu ， qǐng bǎ huà yàn bào gào gěi wǒ
sòng guò lái 。

　　　　알겠습니다. 대변 검사가 필요합니다. 화학 분석표를 가지고 가세요. 검
사가 끝나면, 화학실험 보고서를 저에게 보내주세요.

病　人：好吧。待会儿见，大夫。

　　　　hǎo ba 。 dài huì ér jiàn ， dài fu 。

　　　　네. 의사 선생님 잠시 후에 뵙겠습니다.

大　夫：待会儿见。

　　　　dài huì ér jiàn 。

　　　　잠시 후에 뵐게요.

病　人：大夫，这是我的化验报告。

　　　　dài fu， zhè shì wǒ de huà yàn bào gào 。

　　　　의사 선생님 여기 화학 실험 보고서입니다.

大　夫：请坐。看化验报告，你是得了胃病（痢疾）。我给你开点药吧。

qǐng zuò。 kàn huà yàn bào gào， nǐ shì dé le wèi bìng （lì ji）。 wǒ gěi nǐ kāi diǎn yào ba。

앉으세요. 화학 실험 보고서를 보니, 당신은 위병(이질)에 걸렸어요. 약을 처방해 드리죠.

病　人 : 唉，都怪我太贪吃了！那我都需要注意些什么呢？

āi， dōu guài wǒ tài tān chī le！ nà wǒ dōu xū yào zhù yì xiē shén me ne？？

에잇, 다 제가 너무 게걸스럽게 먹는 탓이에요! 그럼 제가 어떤 걸 주의해야 할까요?

大　夫 : 不是很严重，没什么好担忧的。但是以后一定要注意饮食啊！俗话说：“病从口入”嘛！不要吃太多生冷或油腻的食物。最近天气炎热，尤其要注意饮食卫生。接下来的几天，你需要吃流食，饮食尽量清淡一点儿。

bú shì hěn yán zhòng， méi shén me hǎo dān yōu de。 dàn shì yǐ hòu yí dìng yào zhù yì yǐn shí ā！ sú huà shuō：“ bìng cóng kǒu rù ” ma！ bú yào chī tài duō shēng lěng huò yóu nì de shí wù。 zuì jìn tiān qì yán rè， yóu qí yào zhù yì yǐn shí wèi shēng。 jiē xià lái de jǐ tiān， nǐ xū yào chī liú shí， yǐn shí jǐn liàng qīng dàn yì diǎn ér。

너무 심각하진 않아서 걱정할 게 없어요. 하지만 앞으로는 음식에 신경을 써야해요! 속담에 보면 “병은 입으로 들어간다”는 말이 있어요! 날것이나 기름진 음식을 너무 많이 먹지 마세요. 요즘 날씨가 더운데 특히 음식 위생에 주의하시고요. 다음 며칠 동안, 유동식을 먹어야 하고, 음식은 가능한 한 담백하게 드세요.

病　人 : 我会照你说的去做。谢谢您，大夫！

wǒ huì zhào nǐ shuō de qù zuò。 xiè xiè nín， dài fu！

의사 선생님 말씀대로 하겠습니다. 감사합니다, 의사 선생님!

大　夫 : 记得回家一定按时服药，好好休息！祝您早日康复！

jì dé huí jiā yí dìng àn shí fú yào， hǎo hǎo xiū xi！ zhù nín zǎo rì kāng fù！

집에 가서 꼭 제시간에 약을 먹고, 푹 쉬도록 하세요! 빠른 쾌유를 빕니다!

语法

1. 从 : 介词 , 表示动作开始的时间或地点。

개사, 장소·시간의 출발점을 나타낸다.

例句 : 我们从昨天开始放暑假了。

汽车从大桥上开过去了。

2. 过 : 表示动态的助词。用在动词后 , 表示动作完毕 , 或过去曾经有这样的事情。

동태조사를 나타낸다. 동사에 뒤에 쓰이고, 동작이 끝난 것을 표시하거나, 과거에 이러한 일이 있었다는 것을 나타낸다.

例句 : 我吃过饭再去。

这本小说你看过没有？

3. 尤其 : 副词 : 表示在全体中或与其他事物比较时特别突出。一般用在句子的后一部分。

부사: 전체에서 또는 다른 사물과 비교할 때 특별히 두드러지는 것을 나타낸다. 일반적으로 문장의 뒷부분에 쓴다.

例句 : 要注意饮食卫生 , 尤其是生吃瓜果 , 一定要洗手。

多喝酒对身体不好 , 尤其影响心脏。

4、尽量 : 副词 , 表示力求达到最大限度。

부사, 최대한도에 도달하도록 힘을 씀을 나타낸다.

例句：只要我能办到的，尽量办到。

　　　明天的会议很重要，尽量早一些到。

1. 选合适的词语填空。

舒服　病史　贪吃　饮食　病从口入　油腻　康复　流食　按时　受不了

（1）老师，今天我的身体不太＿＿＿＿＿＿，不能去学校上课了。

（2）我的肩膀太疼了，疼得简直快要＿＿＿＿＿＿了，

（3）夏天到了，一定要注意＿＿＿＿＿＿，不能吃太多生冷的东西。

（4）医生叮嘱病人，服药一定要＿＿＿＿＿＿。

（5）吃饭时可别太＿＿＿＿＿＿了，否则会生病的。

（6）医生在看病时，往往会先了解一下病人的＿＿＿＿＿＿。

（7）怎么吃东西并不是一件小事，俗话说得好：＿＿＿＿＿＿。

（8）肠胃不好，要多吃清淡的食物，不要吃太多＿＿＿＿＿＿ 的食物。

（9）病人现在消化不好，只能让他吃一些＿＿＿＿＿＿。

（10）希望您好好休息，争取早日＿＿＿＿＿＿。

2. 使用本课学过的语法完成句子。

（1）＿＿＿＿＿＿星期一＿＿＿＿＿＿星期五，我们每天都有课。

（2）他学＿＿＿＿＿＿中文，所以到中国以后很快就适应了。

（3）北方的风沙很大，＿＿＿＿＿＿是在春天。

（4）这个老人没听清楚，请你＿＿＿＿＿＿说慢一些。

（5）不要太自信了，要_____听取各方面的意见。

（6）请问_____这里到机场怎么走？

（7）他是个旅行爱好者，去_____很多个国家。

（8）大家学习都很努力，_____是小张同学进步最大。

（9）要注意饮食卫生，_____是生吃瓜果，一定要洗干净。

（10）同学们在一起要互相帮助，要_____学习对方的长处。

阅读材料

看病前要做哪些准备工作？
진찰을 받기 전에 어떤 준비를 해야 하나요?

1、回顾病史 병력 회상하기

请在看病之前，回顾一下自己的病史，从什么时候开始发病的？发病的时候自己有什么感觉？中间吃过什么药？自己对哪种药物过敏？家族当中还有没有人也有这种病？……这些都有可能是就诊时医生要问的，提前准备一下，就能提高看病效率。

진찰을 받기 전에, 자신의 병력을 돌아 봐야 한다. 언제부터 발병하기 시작했는지? 발병했을 때 자신이 어떤 느낌을 받았는지? 중간에 어떤 약을 드셨는지? 자신이 어떤 약물에 알레르기가 있는지? 가족 중에도 이런 병을 가진 사람이 또 있는지? …… 이것들은 진찰할 때 의사가 물어야 할 것들이고, 미리 준비하면 진찰 효율을 높일 수 있다.

2、带齐以前的病历记录以及曾经做过的检查结果

이전의 병력 기록과 그 전에 했던 검사 결과를 모두 가지고 온다.

每次看过病后，也请收好所有的检查结果和病历。现在多数医院已经实现了信息化，医生不会在病历本上手写病历，而是用电脑打印一张病历单。看完病，可不要把这些"小纸条"随手丢掉，要粘贴到自己的病历上。

매번 진료를 본 후에 모든 검사 결과와 진료기록서를 받아 둔다. 현재 대부분 병원들이 이미 정보화를 실현하고 있어 의사는 진료기록서에 손으로 병력을 쓰지 않고,

컴퓨터로 병력표 한 장을 인쇄할 것이다. 진찰한 후, 이 작은 쪽지들을 그냥 잃어버리지 말고, 자신의 진료기록서에 붙이도록 한다.

内科都看什么病?
내과에서는 어떤 병을 진료하나요?

1、呼吸内科 : 发热、咳嗽、咳痰、流鼻涕、咽痛、咯血、呼吸困难、胸痛等。
호흡기내과: 발열, 기침, 가래, 콧물이 흐르다, 인후통, 각혈, 호흡곤란, 흉통 등.

常见病有 : 感冒、肺炎、肺结核、慢阻肺、支气管哮喘、鼾症等。
흔한 질병은 감기, 폐렴, 폐결핵, 만성 폐쇄성 폐질환, 기관지 천식, 코골이 등이 있다.

2、消化内科(脾胃病专科) : 恶心、呕吐、便秘、腹痛(肚子痛)、腹泻(拉肚子)、吞咽困难、食欲异常、胃肠胀气、呕血、便血、黄疸等。
소화기내과(비장과위병과): 메스꺼움, 구토, 변비, 복통(배앓이), 설사(배탈), 삼키기 어려움, 식욕이상, 위장에 가스가 차다, 피를 토하다, 혈변, 황달 등.

常见病 : 有食管炎、胃炎、消化道溃疡、慢性腹泻、肝炎、肝硬化、胰腺炎、消化道出血等。
흔한 질병은 식도염, 위염, 소화기관궤양, 만성 설사, 간염, 간경화, 췌장염, 소화기관 출혈 등이 있다.

3、感染内科 : 有些功能齐全的医院,会专门分出感染内科,治疗肝炎、肝硬化、肺结核、流行性腮腺炎、流行性出血热等传染性疾病,以及不明原因的发热。其中,也可能专门分出肝病专科,治疗肝炎、肝硬化等。
감염내과: 기능이 완비된 병원은 감염내과, 간염, 간경화, 폐결핵, 유행성 이하선염, 유행성 출혈열 등 전염성 질환과 원인 모를 발열을 전문적으로 치료한다. 그 가운데 간질환과는 간염 치료, 간경화 등으로 전문적으로 나눌 수 있다.

内科常用短语
내과 사용 구

舒服、肚子、疼、痛、感冒、发烧、发冷、打针、疲倦、头晕、嗓子疼、打喷嚏、

发痒、胃疼、恶心、咳嗽、服药 、没有胃口 、没有食欲、呼吸困难、 慢性病、
鼻子不透气、呼吸困难、睡眠困难

편안하다, 배, 아프다, 고통스럽다, 열이 나다, 오한이 나다, 주사를 맞다, 피곤하
다, 어지럽다, 목이 아프다, 재채기하다, 가렵고, 위가 아프다, 구역질하다, 기침하
다, 약을 복용하다, 식욕이 없다, 식욕이 없다, 호흡이 어렵다, 만성병, 코가 막히
다, 호흡곤란, 수면곤란

医生常用的询问病情用语
의사가 자주 사용하는 병세에 대한 질문 용어

你怎么啦？你哪里不舒服？ 你什么时候开始痛的？

왜 그러세요? 어디가 불편하신가요? 당신은 언제부터 아프기 시작했습니까?

什么时候开始有这种感觉的？你得这病有多久了？这样多久了？

언제부터 이런 느낌이 들었나요? 이 병에 걸린 지 얼마나 되었습니까? 이런지 얼
마나 됐죠?

你昨天吃了什么东西？你吃过什么药吗？你感觉疲倦吗？你感到恶心吗？

어제 무엇을 먹었나요? 어떤 약을 드셨나요? 피곤함을 느끼나요? 구역감을 느끼
나요?

有没有呕吐？你感觉好吗？你的大便正常吗？你咳嗽吗？你有时觉得气急
吗？

구토는 안 했나요? 느낌이 괜찮아졌나요? 대변은 정상입니까? 때로 숨이 가빠지
나요?

你吃东西有胃口吗？你呼吸有困难吗？你以前这儿痛过吗？

음식을 먹으면 입맛이 있습니까? 호흡하는데 어려움이 있나요? 전에 여기가 아팠
던 적이 있나요?

你以前有过这种情况吗？你过去有没有得过慢性病？你睡眠怎样？伤口还
疼吗？你有过敏史吗？

전에 이런 상황이 있었던 적이 있나요? 과거에 만성병에 걸린 적이 있습니까? 수면
은 어떤가요? 아직도 상처가 아프시나요? 당신은 알레르기가 있습니까?

第七章 / 제7장

外科
외과

生词 단어

撞 zhuàng	[동사] 충돌하다. 부딪치다.
胳膊 gē bo	[명사] 팔.
伤口 shāng kǒu	[명사] 상처 부위. 상처.
担心 dān xīn	[동사] 염려하다. 걱정하다.
破伤风 pò shāng fēng	[명사] 파상풍.
皮试 pí shì	[명사] 피부과민반응테스트. 약물과민반응 검사.
过敏 guò mǐn	[동사] (약물이나 외부 자극에) 이상 반응을 나타내다. 알레르기 반응을 보이다.
X光片 X guāng piàn	엑스레이.
骨裂 gǔ liè	뼈에 금이가다.
严重 yán zhòng	[형용사]중대하다. 심각하다.
服用 fú yòng	[동사] (약이나 보신제를) 먹다. 복용하다.
卧床 wò chuáng	[동사] (주로 병으로) 침대에 눕다. 병상에 눕다.
伤口 shāng kǒu	[명사] 상처 부위. 상처.
外敷 wài fū	[동사] (연고 따위를) 환부에 바르다.

愈合 yù hé	[동사] (상처가) 아물다.
口服药 kǒu fú yào	[명사] 내복약.
药方 yào fāng	[명사] 처방. 처방전.
药房 yào fáng	[명사] 약국.
配药 pèi yào	[동사] 약을 조제하다. 약을 짓다.

对话

大　夫：你好，请坐，你哪里不舒服？

nǐ hǎo ， qǐng zuò ， nǐ nǎ lǐ bù shū fu ？

안녕하세요, 앉으세요. 어디가 불편하신 가요?

病　人：唉，我刚才过马路，不小心被一辆车给撞了一下。

āi ， wǒ gāng cái guò mǎ lù ， bù xiǎo xīn bèi yí liàng chē gěi zhuàng le yí xià 。

아, 제가 아까 길을 건너다가 실수로 차에 치였어요.

大　夫：让我检查一下吧，你哪儿疼啊？

ràng wǒ jiǎn chá yí xià ba ， nǐ nǎ ér téng ā ？

제가 검사할게요. 어디가 아프세요?

病　人：我也说不清楚，好像浑身都疼。

wǒ yě shuō bù qīng chu ， hǎo xiàng hún shēn dōu téng 。

저도 잘 모르겠어요. 온몸이 아픈 것 같아요.

大　夫：噢，你这里破了个口子，我得先帮您清洗一下伤口。

ō ， nǐ zhè lǐ pò le gè kǒu zi ， wǒ děi xiān bāng nín qīng xǐ yí xià shāng kǒu 。

아, 여기 상처가 났어요. 상처부터 깨끗하게 씻어 드릴게요.

病 人 : 会不会很严重啊?我挺担心的。

huì bu huì hěn yán zhòng ā？wǒ tǐng dān xīn de。

심한가요? 저는 매우 걱정이 돼요.

大 夫 : 有些外伤可能会引起破伤风。一会儿给您做个皮试,如果没有过敏反应的话,再注射一针。不用太担心。

yǒu xiē wài shāng kě néng huì yǐn qǐ pò shāng fēng。yí huì ér gěi nín zuò gè pí shì，rú guǒ méi yǒu guò mǐn fǎn yìng de huà，zài zhù shè yì zhēn。bú yòng tài dān xīn。

어떤 외상은 파상풍을 일으킬 수 있어요. 잠시 후에 약물과민반응 검사를 할게요. 알레르기가 없다면 주사를 한 대 더 맞으세요. 크게 걱정하지 않아도 됩니다.

病 人 : 好的。但是您再看看我的胳膊,怎么好像动不了了?

hǎo de。dàn shì nín zài kàn kan wǒ de gē bo，zěn me hǎo xiàng dòng bù liǎo le？

좋아요. 그런데 제 팔을 좀 더 봐주세요. 왜 움직일 수 없는 것 같죠?

大 夫 : 你的胳膊好像没什么问题。但是出于安全考虑,你还是最好去照一张X光片。片子照好之后,马上拿过来让我看看。

nǐ de gē bo hǎo xiàng méi shén me wèn tí。dàn shì chū yú ān quán kǎo lǜ，nǐ hái shì zuì hǎo qù zhào yì zhāng X guāng piàn。piàn zi zhào hǎo zhī hòu，mǎ shàng ná guò lái ràng wǒ kàn kan。

팔에는 별 문제가 없는 것 같아요. 하지만 안전을 생각해서 엑스레이를 한 장 찍는 게 좋겠어요. 엑스레이를 찍고 바로 가져다가 보여 주세요.

病 人 : 好吧,那么待会儿再见!

hǎo ba，nà me dài huì ér zài jiàn！

네, 잠시 후에 뵙겠습니다!

大　夫：待会儿见!

dài huì ér jiàn!

잠시 후에 뵐게요!

病　人：医生，这是我的X光片。

yī shēng ， zhè shì wǒ de X guāng piàn 。

의사 선생님, 이건 제 엑스레이 사진이에요.

大　夫：让我看看，一切基本正常。只是这儿，你看，有点小问题。有一点骨裂。

ràng wǒ kàn kan ， yí qiè jī běn zhèng cháng 。 zhǐ shì zhèr ， nǐ kàn ， yǒu diǎn xiǎo wèn tí 。 yǒu yì diǎn gǔ liè 。

제가 볼게요. 대부분 정상입니다. 그런데 여기 보세요, 약간의 문제가 있어요. 약간 뼈에 금이 갔어요.

病　人：这严重吗？

zhè yán zhòng ma ？

심각한가요?

大　夫：算不上严重。但是，这两三周你最好不要去上班。尽量卧床休息。

suàn bú shàng yán zhòng 。 dàn shì ， zhè liǎng sān zhōu nǐ zuì hǎo bú yào qù shàng bān 。 jǐn liàng wò chuáng xiū xi 。

심각한 편은 아니에요. 하지만 이삼 주 동안은 출근하지 않는 게 좋아요. 되도록 침대에 누워 휴식을 취하세요.

病　人：大夫，我是否需要服用点什么药呢？

dài fu ， wǒ shì fǒu xū yào fú yòng diǎn shén me yào ne ？

의사 선생님, 제가 무슨 약을 좀 복용해야 하나요?

大　夫：我会给你开一些外敷的药，这样你的伤口会愈合得快一点。另外，

再服用一些口服药。这是药方，待会儿你拿到药房去配药。请按说明服药。

wǒ huì gěi nǐ kāi yì xiē wài fū de yào ， zhè yàng nǐ de shāng kǒu huì yù hé dé kuài yì diǎn 。 lìng wài ， zài fú yòng yì xiē kǒu fú yào 。 zhè shì yào fāng ， dài huì ér nǐ ná dào yào fáng qù pèi yào 。 qǐng àn shuō míng fú yào 。

제가 약간의 외용약을 처방해 줄게요. 이렇게 하면 상처가 빨리 아물 거예요. 또한, 약간의 내복약을 복용하세요. 이것은 처방전이니 이따가 약국에 가서 약을 조제 받으세요. 설명에 따라 약을 복용하세요.

病　人：非常感谢您，大夫！再见！

fēi cháng gǎn xiè nín ， dài fu ！ zài jiàn ！

매우 감사합니다. 의사 선생님! 안녕히 계세요!

大　夫：不客气！记得一周以后再来复查一下。再见！

bú kè qi ！ jì dé yì zhōu yǐ hòu zài lái fù chá yí xià 。 zài jiàn ！

천만에요! 1주일 후에 재검사하러 오세요. 안녕히 가세요!

语法

1. 被：介词，用于被动句，引进动作的施行者。

개사, 피동문에 사용되고, 동작의 시행자를 끌어들인다.

例句：我被一阵雷声惊醒。

他头上的帽子被一阵大风吹跑了。

2. 说不清楚：结果补语。一般由动词和表示动作状态结果的形容词构成。

결과보어. 일반적으로 동사와 동작 상태 결과 형용사로 구성된다.

例句：我学会了老师讲的生词。（否定形式为：我没学会老师讲的生词。）

　　　我听不明白他要说的话。

3. **两三周**：表示概数。在使用时数目小的在前，数目大的在后。

대략적인 수를 나타냄. 사용시 작은 수가 앞에, 큰 수는 뒤에 쓴다.

例句：这里的粮食有三四百斤。

　　　我明天出差，去三五天就回来。

4. **一下**：放在动词后，表示动作持续时间的短暂。也有略微之意。

동사 뒤에 온다. 동작 지속시간의 짧음을 나타낸다. 약간의 의미가 있다.

例句：你把房间打扫一下吧

　　　你帮我看一下这道题是什么意思，好吗？

练习

1. 选合适的词语填空：

撞　伤口　严重　卧床　过敏　外敷　担心　愈合　口服药　药房

（1）你的病好些了吗？你妈妈挺_____你的。

（2）我的病好像越来越_____了，我想请假休息几天。

（3）医生，我需要取药，请问_____在哪里？

（4）这两天不太舒服，医生让我最好别出门，_____休息几天。

（5）只要按照医生的要求去做，你的伤口很快就会_____的

（6）上星期我的自行车被一辆摩托车_____了一下。

（7）医生给我开了很多_____，让我一天吃三次。

（8）你要告诉医生你的病史，特别是你以前否有_____史。

（9）这个药是_____的，一定不能内服。

（10）_____处一定要保持清洁，定期换药。

2. 使用本课学过的语法完成句子。

（1）经过投票，他_____大家选为班长了。

（2）我的车_____小李开走了。

（3）他往窗外看了_____，但是没看到人。

（4）虽然有些困难，但我一定_____去完成这项任务。

（5）昨晚刚睡着，我就_____一阵雷声惊醒了。

（6）今天医生说的话，你都听_____了吗？

（7）要完成这项工作，大约需要_____天。

（8）桌子上的文件太多了，最好能定期整理_____。

（9）这一课太难了，学了一天也没学_____。

（10）老师已经讲了两遍了，你听_____了吗？

就诊时如何准确地描述病情？
진료를 받을 때 병세를 어떻게 정확하게 묘사하나요?

和医生交谈时，需要注意，医生的问话都是为了判断你的病情。因此，必须给出精确的描述，而不是模棱两可或者含糊其词的话，而且最好能说出症状出现的时间，这样会让医生的判断更加准确。

의사와 얘기할 때 주의가 필요한데, 의사의 물음은 모두 당신의 병세를 판단하기 위한 것이다. 따라서 애매모호하거나 얼버무리는 말이 아니라 정확하게 묘사해야 하며 증상이 나타나는 시간을 말하는 것이 의사가 판단을 더 정확하게 할 수 있다.

比如 "站时间长了腰疼，有三年了"，
　　 "双眼视力下降6个月了"；
　　 "咳嗽3天了"。

예를 들어 "서있는 시간이 길어서 요통이 있고, 3년이나 되었어요"
　　 "눈의 시력이 떨어진지 6개월이 되었어요";
　　 "기침이 3일이나 됐어요."

描述病情时，如果能有准确的数字，那就更好了。比如你说 "这个星期我的血糖最高到过13"，就比仅仅说 "这个星期我的血糖很高" 要准确得多。

병세를 묘사할 때 만약 정확한 숫자가 있다면 더 좋을 것이다. 예를 들어 "이번 주에 내 혈당이 최고 13이 넘었다"고 말하는 것이 "이번 주에 내 혈당이 매우 높다"고 말하는 것보다 훨씬 정확하다.

外科常用生词和短语：脱臼 扭伤 烧伤 痉挛 破伤风 瘫痪 骨折 足踝
　　　　　　　　 绷带 石膏 缝针 拆线 垫 衬 枕头 拐杖 酸痛
　　　　　　　　 肿 麻木 清洗伤口 包扎伤口
　　　　　　　　 给……缝几针 住院 每日三次，饭后服用 住院观察
　　　　　　　　 拇指 食指 中指 粉碎性骨折

외과 사용 단어와 구: 탈골하다. 접질리다. 화상. 경련. 파상풍. 마비. 골절. 복숭아뼈. 붕대. 석고. 꿰매다. 실밥. 패드. 심. 베개. 목발. (몸이) 쑤시고 아프다. 붓다. 마비되다. 상처를 씻다. 상처를 싸매다. ……꿰매다. 입원하다. 매일3번. 식사 후 복용. 입원관찰. 엄지. 검지. 중지. 분쇄성 골절.

第八章
제8장

骨科
정형외과

生词

骑 qí	[동사] (동물이나 자전거 등에) 타다.
自行车 zìxíngchē	[명사] 자전거
倒 dǎo	[동사] 넘어지다. 쓰러지다.
摔倒 shuāi dǎo	[동사] (몸이 균형을 잃고) 쓰러지다. 넘어지다.
着地 zhuó dì	착지.
膝盖 xīgài	[명사] 무릎.
磕 kē	[동사] (단단한 것에) 부딪히다.
压 yā	[동사] (주로 위에서 아래로) 압력을 가하다. (내리) 누르다.
伸直 shēn zhí	[동사]곧게 펴다. 똑바로 뻗다.
部位 bùwèi	[명사]부위.
钻心 zuānxīn	[동사]가슴을 찌르다. 가슴에 사무치다.
扶着 fú zhe	(손으로) 떠받치다. 부축하다. 짚다.
外面 wàimiàn	[명사] 외면. 표면. 바깥.
原来如此 yuán lái rú cǐ	과연 그렇다. 알고 보니 그렇다.
裤腿 kù tuǐ	[명사]바지통. 바짓가랑이.

卷 juǎn		[동사]말다. 감다.
肿 zhǒng		[동사]붓다. 부어오르다.
保险 bǎoxiǎn (稳妥可靠)	[형용사] 믿음직스럽다. 믿을 수 있다. 안전하다.	
照X光 zhào X guāng		엑스레이를 찍다.
放射科 fàngshèkē		방사선과.
走廊 zǒuláng		[명사] 복도. 회랑.
片子 piānzi		[명사] X선 필름.
石膏 shígāo		[명사] 석고
拐杖 guǎizhàng		[명사] 목발
拄拐 zhǔ guǎi		목발로 몸을 지탱하다.
病根儿 bìnggēnr		고질병.
麻烦 máfan		[형용사] 귀찮다. 성가시다. 번거롭다.
必须 bìxū		[부사] 반드시 …해야 한다. 꼭 …해야 한다.
止疼药 zhǐténgyào		진통제.
尽量 jǐnliàng		[부사] 가능한 한. 되도록.

伤筋动骨一百天 shāng jīn dòng gǔ yì bǎi tiān

[속담] 근육과 뼈를 다치면 100일이 지나야 완쾌된다.

对话

金民浩骑自行车去上课的时候从自行车上摔下来了, 膝盖一直隐隐作痛, 于是就去医院看骨科。

Jīnmínhào qí zìxíngchē qù shàngkè deshíhou cóng zìxíngchē shàng shuāi xiàlái le, xīgài   yìzhí yǐnyǐnzuòtòng, yúshì jiù qù yīyuàn kàn gǔkē 。

김민호 자전거를 타고 수업을 가다가 자전거에서 떨어졌다. 무릎이 계속 은근하게 아파 병원 정형외과에 진료받으러 갔다.

医 生 : 您好, 请坐!

　　Nínhǎo, qǐngzuò!

　　안녕하세요, 앉으세요!

金民浩 : 您好。谢谢。

　　Nínhǎo。 xièxiè。

　　안녕하세요. 감사합니다.

医 生 : 请问您是哪里不舒服呢?

　　Qǐngwèn nín shì nǎlǐ bù shūfu ne?

　　실례합니다만 어디가 불편하신가요?

金民浩 : 我上午骑自行车的时候不小心摔倒了, 现在腿很疼。

　　Wǒ shàngwǔ qí zìxíngchē de shíhou bù xiǎoxīn shuāidǎo le, xiànzài tuǐ hěn

téng。

　　저는 오전에 자전거를 타다가 넘어져서 지금 다리가 너무 아파요.

医 生 : 摔倒的时候是哪里着地的?

　　Shuāidǎo de shíhou shì nǎlǐ zhuódì de?

　　넘어졌을 때 어디에 착지했어요?

金民浩 : 我是向右边倒下去的。膝盖磕在地上了, 自行车也压在腿上了。

　　Wǒ shì xiàng yòubian dǎo xiàqu de。 Xīgài kē zài dìshàng le, zìxíngchē yě yā

zài tuǐ shàng le。

　　저는 오른쪽으로 넘어졌어요. 무릎이 땅에 부딪히고, 자전거도 다리를 눌렀어요.

医　生 : 那摔得还不轻啊。您的腿现在可以伸直吗?

Nà shuāide hái bùqīng a。nín de tuǐ xiànzài kěyǐ shēnzhí ma?

그럼 넘어진게 가볍지 않네요. 다리를 지금 쭉 펴는 게 되나요?

金民浩 : 伸不直。稍微动一下就很疼。

Shēnbùzhí。shāowēi dòng yíxià jiù hěn téng。

똑바로 못 펴요. 조금만 움직여도 아파요.

医　生 : 您感觉什么部位最疼呢?

Nín gǎnjué shénme bùwèi zuì téng ne?

어떤 부위가 가장 아프신가요?

金民浩 : 我觉得膝盖非常疼,一动就钻心的疼。

Wǒ juédé xīgài fēicháng téng, yí dòng jiù zuànxīnde téng。

저는 무릎이 너무 아파서 움직이면 바로 가슴을 찌르는 통증이 느껴져요.

医　生 : 这么疼啊!那您是怎么来医院的?

Zhème téng a ! nà nín shì zěnme lái yīyuàn de?

이렇게 아프군요! 그럼 병원에 어떻게 오셨어요?

金民浩 : 我的朋友扶着我过来的,他现在在外面等我。

Wǒ de péngyou fúzhe wǒ guòlái de, tā xiànzài zài wàimiàn děng wǒ。

제 친구가 저를 부축해서 왔어요. 그는 지금 밖에서 저를 기다리고 있
어요.

医　生 : 原来如此。这样吧,您先把裤腿卷起来,我看看您的膝盖。

Yuánláirúcǐ。zhèyàng ba, nín xiān bǎ kùtuǐ juǎn qǐlái, wǒ kànkan nín de xīgài。

그렇군요. 이렇게 하시죠, 일단 바짓가랑이를 걷어 올려 주시고, 무릎을
좀 보겠습니다.

金民浩 : 好的,您看严重吗?

Hǎode, nín kàn yánzhòng ma?

네, 보기에 심각한가요?

医　生：挺肿的，用眼睛是看不出来了，您说那么疼的话，有可能是膝盖骨裂了，保险起见，您得照X光片。

Tǐng zhǒng de, yòng yǎnjing shì kàn bù chūlái le, nín shuō nàme téng dehuà, yǒu kěnéng shì xīgài gǔliè le, bǎoxiǎn qǐjiàn, nín děi zhào X guāng piān。

많이 부었어요. 눈으로 봐서는 알 수가 없어요. 그렇게 아프다고 하시면, 무릎뼈가 금이 갔을 수도 있고, 안전하기 위해 엑스레이를 찍어야 합니다.

金民浩：好的。我要去哪里照X光片呢？

Hǎode。wǒ yào qù nǎlǐ zhào X guāng piān ne?

네. 제가 어디로 가서 엑스레이 사진을 찍어야 하나요?

医　生：放射科。

Fàngshèkē。

방사선과입니다.

金民浩：放射科在哪里呢？

Fàngshèkē zài nǎlǐ ne?

방사선과는 어디에 있나요?

医　生：放射科在一楼大门左边的走廊的尽头，您让您的朋友进来扶您吧，要是骨头受伤了的话可千万要小心。

Fàngshèkē zài yìlóu dàmén zuǒbian de zǒuláng de jìntóu, nín ràng nín de péngyou jìnlái fú nín ba, yàoshì gǔtou shòushāng le dehuà kě qiānwàn yào xiǎoxīn。

방사과는 1층 정문 왼쪽 복도 끝에 있어요, 친구보고 들어와서 부축해 달라고 하세요, 뼈가 다치면 안되니 절대 조심하셔야 합니다.

金民浩：好的。谢谢您的关心。

Hǎode。xièxiè nín de guānxīn。

네. 의사 선생님의 관심에 감사드립니다.

医　生 : 照好后直接来我这里就可以了，我可以在电脑上直接看见您的片子。需要带走片子的话，让您朋友帮您去拿就可以了。

Zhào hǎo hòu zhíjiē lái wǒ zhèlǐ jiù kěyǐ le, wǒ kěyǐ zài diànnǎo shàng zhíjiē kànjiàn nín de piānzi。xūyào dài zǒu piānzi dehuà, ràng nín péngyou bāng nín qù ná jiù kěyǐ le。

찍고나서 바로 이쪽으로 다시 오시면 됩니다. 제가 컴퓨터에서 당신의 X선 필름을 직접 볼 수 있어요. X선 필름 가져가야 한다면, 친구분께서 대신 가서 가져오시면 됩니다.

金民浩 : 好的。谢谢您。

Hǎode。xièxiè nín。

네. 감사합니다.

（在放射科照好X光后，金民浩回到骨科办公室）

（ Zài fàngshèkē zhào hǎo X guāng hòu, Jīnmínhào huí dào gǔkē bàngōngshì）

(방사선과에서 엑스레이 촬영 후, 김민호는 정형외과 사무실로 돌아왔다.)

金民浩 : 医生您好，我照好了。

Yīshēng nínhǎo, wǒ zhàohǎo le。

의사 선생님 안녕하세요. 저 촬영 다 했어요.

医　生 : 从片子看，您的膝盖确实骨裂了。这种情况得打一个半月的石膏，还要使用拐杖。

Cóng piānzi kàn, nín de xīgài quèshí gǔliè le。zhèzhǒng qíngkuàng děi dǎ yígèbàn yuè de shígāo, hái yào shǐyòng guǎizhàng 。

엑스레이 필름으로 보아 당신의 무릎은 확실히 금이 가 있습니다. 이 경우에는 한 달 반 동안 깁스를 해야 하고, 목발도 사용해야 합니다.

金民浩 : 这么久啊！

Zhème jiǔ a!

이렇게나 오래요!

医 生：小伙子，伤筋动骨一百天呐。这一个半月好好儿挂拐，别落下病根儿，要不然可就麻烦了。

Xiǎohuǒzi, shāngjīn dònggǔ yìbǎitiān na。zhè yígèbàn yuè hǎohǎor zhǔguǎi, bié làoxià bìnggēnr, yàobùrán kě jiù máfan le。

총각, 근육과 뼈를 다치면 백일이 지나야 완쾌된다잖아. 이 한 달 반 동안 목발 잘 짚고 다니시고, 고질병으로 만들지 말고, 그렇지 않으면 큰일나요.

金民浩：那必须听您的。

Nà bìxū tīng nín de。

반드시 선생님의 말을 들을게요.

医 生：您先让朋友帮您把费用缴了，然后在外面等着吧。一会儿护士会给您打上石膏再给您一些止疼药。回家好好休息几天，尽量不要走动。

Nín xiān ràng péngyou bāng nín bǎ fèiyong jiǎo le, ránhòu zài wàimiàn děngzhe ba。yíhuìr hùshi huì gěi nín dǎ shàng shígāo zài gěi nín yìxiē zhǐténgyào。huíjiā hǎohǎo xiūxi jǐ tiān, jǐnliàng búyào zǒudòng。

먼저 친구한테 비용을 납부해달라고 하시고, 밖에서 기다리세요. 잠시 후에 간호사가 당신에게 깁스를 해주고, 진통제를 드릴 것입니다. 집에 가서 며칠 푹 쉬시고, 되도록 돌아다니지 않도록 하세요.

金民浩：明白了。谢谢。再见。

Míngbai le。xièxiè。zàijiàn。

알겠습니다. 감사합니다. 안녕히 계세요.

医 生：再见。

Zàijiàn。

안녕히 가세요.

语法

1. 是……的（呢），对属性、方式、状态、时间等进行提问。

속성, 방식, 상태, 시간 등에 대해 질문한다.

例句：是什么时候来的呢？

　　　是谁让你这么做的？

　　　电话是从哪里打来的？

2. 挺……；副词，"很" 的意思，用于口语，后常常带 "的"。

부사, "很"의 의미이고, 말하기에서 사용한다. 뒤에 "的"가 자주 같이 쓰인다.

例句：这花挺香。

　　　她学习挺努力。

　　　心里挺不痛快的。

3.（为）……起见；助词，表示为达到某种目的，口语中可省略 "为"。

조사, 어떤 목적에 도달하기 위한 것을 나타낸다. 말하기에서 "为"를 생략할 수 있다.

例句：为安全起见，必须系上安全带。

　　　安全起见，咱们还是去问问吧。

　　　保险起见，你再打电话确认一下。

4. 可……；副词，表示强调。 부사, 강조를 나타낸다.

例句：她待人可好了，谁都喜欢她。

昨儿夜里的风可大了。

你可来了,我等了很久了。

5. 从......看;表示根据。 근거함을 나타낸다.

例句:从笔迹看,这字像是孩子写的。

从结果看,效果不太理想。

从他的衣着看,他很有品味。

6. 要不然......;连词,"不然、否则" 的意思。

접속사, "不然、否则"의 의미이다.

例句:从上海到武汉,可以搭长江轮船,要不然绕道坐火车也行。

你先去把票买了,要不然售票处要休息了。

你快一点儿,要不然上班要迟到了。

7. 尽量......;副词,表示力求在一定范围内达到最大限度。

부사, 일정 범위 내에서 최대한도에 도달하도록 힘쓰는 것을 나타낸다.

例句:把你知道的尽量告诉大家。

工作虽然忙,学习的时间依然要尽量保证。

写文章要尽量简明一点。

练习

1. 择合适的词语填空。

摔倒　膝盖　磕　部位　卷　骨裂　走廊　必须　止疼药　外面

（1）麻烦你去_____等。

（2）大部分生物的发声_____都是喉头和声带。

（3）_____。我说你怎么不去呢！

（4）跑步的时候小心点，千万别_____了。

（5）脸上_____破了块儿皮。

（6）我的头太疼了，_____在哪儿？

（7）走路走太久了，_____疼。

（8）_____太黑了，我有点儿害怕。

（9）把画_____起来。

（10）还好没有_____，休息几天就好了。

2. 使用本课的学过语法完成句子。

（1）我_____早点回家。

（2）这个电影_____好看了。

（3）这只小狗_____可爱的。

（4）幸好你来了，_____我都不知道怎么办了。

（5）卫生_____，我们还是戴上手套吧。

（6）_____成绩_____，你还不够认真。

（7）这儿太安静了，我们_____不要发出声音。

(8)你_____好的，就是我们不太合适。

(9)你_____多吃点，你太瘦了。

(10)为保险_____，我们早点出发吧。

常见的骨科诊治范围
흔히 볼 수 있는 정형외과 진료 범위

(一)骨和关节的先天性畸形 뼈와 관절의 선천성 기형

1.颈部畸形；2.上肢先天性畸形；3.下肢先天性畸形；4.先天性肢体缺陷；5.多关节挛缩症。

1경부 기형 2.상지 선천성기형 3.하지 선천성기형 4.선천성 사지결함 5.다관절 구축증.

(二)手部畸形 손기형

(三)足部畸形 발기형

(四)脊柱畸形 척추기형

(五)上肢损伤 상지손상

上肢各骨骨折、骨骺分离、各关节脱位

상지의 각 뼈가 골절되다, 뼈끝이 분리되다, 각 관절이 탈구하다.

(六)手部损伤和疾病 손 손상과 질병:

1.指端损伤；2.手部挤压伤；3.手部热压伤；4.手部切割伤；5.手部肌腱损伤；6.手部肌腱粘连；7.手腱鞘炎和肌鞘炎；8.腕舟骨骨折；9.月骨脱位和经舟骨月骨周围脱位；10.外伤性腕关节不稳；11.掌、指骨骨折；12.关节韧带损伤及关节脱位；13.月骨无菌性坏死；14.手部感染；15.掌腱膜挛缩症；16.

手部肿瘤及肿物；17.手部及手指缺损。

1.손톱손상 2.손의 압박부상 3.손의 열압상 4.손 절단상 5.손의 힘줄 손상 6.손 힘줄 유착증 7.손 건초염과 근육염 8.손목 주골 골절 9.월상골 탈골과 경주골 주변 탈골 10.외상성 손목 관절 불안 11.손바닥, 손가락뼈 골절 12.관절 인대 손상 및 관절 탈골 13.월상골 무균의괴사 14.손 감염 15. 척측수근 근건막구축, 통증 16.손 종양 및 유발물질 17.손 및 손가락 결손

（七）下肢损伤: 하지손상:

1.股骨颈骨折；2.股骨转子部骨折；3.髋关节脱位；4.股骨干骨折；5.股骨髁上骨折；6.股骨髁部骨折；7.胫骨髁骨折；8.伸膝装置损伤及髌骨骨折；9.半月板损伤；10.盘状软骨损伤；11.膝关节韧带损伤；12.膝关节脱位；13.滑膜皱襞综合征；14.胫腓骨骨折；15.踝关节骨折脱位；16.腓骨肌腱滑脱；17.距骨骨折脱位；18.跟骨骨折；19.跗横关节损伤；20.跖骨骨折及跖跗关节脱位。

1.넙다리뼈목 골절 2.대퇴골 회전자부 골절 3.고관절 탈골 4.대퇴골간 골절 5.정강이뼈의 상부 골절 6.정강이뼈의 돌기부 골절 7.정강이 뼈의 돌기 골절 8.무릎 관절 손상 및 무릎 뼈 골절 9. 반월판 손상 10.반상연골 손상 11.무릎 관절 인대 손상 12.무릎 관절 탈골 13.활막 주름 증후군 14.경비골 골절 15.발목관절 골절 탈구 16.종아리뼈 힘줄 미끄러짐 17.거골 골절 탈골 18. 발꿈치뼈 골절 19.횡족근관절 손상 20.척골 골절 및 발바닥 발등 관절 탈골

（八）肢（指）断离伤 팔다리 (손가락) 해리상

（九）脊柱和骨盆骨折 척추와 골반 골절

（十）周围神经血管损伤 주변 신경혈관 손상

1.臂丛神经损伤；2.周围神经损伤；3.神经卡压综合征。

1.팔뚝신경손상 2.주변신경손상 3.신경압증후군.

（十一）挤压综合征与骨筋膜室综合征： 압출증후군 및 골근막실증후군

1.挤压综合征；2.骨筋膜室综合征；3.肌肉挛缩症；4.四肢、手部疤痕挛缩。

1. 압출증후군 2.골근막실증후군 3.근육경련증 4. 사지, 손 흉터경련.

(十二)运动损伤及火器伤 운동 손상 및 화기상

1.关节软骨损伤；2.运动员末端病；3.肌腱断裂、滑脱；4.肌肉挫伤、破裂；5.周围神经微细损伤；6.疲劳骨折及骨膜炎；7.骨软骨病；8.四肢骨火器伤；9.四肢关节火器伤；10.四肢软组织火器伤；11.脊柱、脊髓火器伤；12.手、足部火器伤。

1.관절 연골 손상 2.선수 말단병 3.힘줄이 끊어지고 미끄러짐 4.근육타박상, 파열 5.주변신경 미세손상 6.피로골절 및 골막염 7.골연골병 8.사지뼈 화기상 9.사지관절 화기상 10.사지 연조직 화기상 11.척추, 척수 화기상 12.손, 발 화기상.

(十三)骨和关节感染性疾病: 뼈와 관절 감염성 질환.

1.化脓性骨髓炎；2.化脓性关节炎；3.骨结核；4.关节结核。

1.화농성 골수염 2.화농성 관절염 3.골결핵 4.관절결핵.

(十四)非化脓性关节炎(外科治疗) 비화농성 관절염 (외과 치료)

(十五)骨骼系统肿瘤和瘤样病损 골격 계통 종양과 혹의 병손

(十六)四肢软组织肿瘤和手足部软组织肿瘤
사지 연조직 종양과 수족부 연조직 종양

(十七)颈肩痛和腰背痛 목 어깨 통증과 허리 통증

1.颈肩痛；2.腰背痛。

1.목 어깨통증 2.허리와 등 통증.

第九章 제9장 皮肤科
피부과

生词

疙瘩 gēda	[명사] 종기. 부스럼. 뾰루지.
痒 yǎng	[형용사] 가렵다. 간지럽다.
开始 kāishǐ	[동사] …(로)부터 시작하다. 처음부터 시작하다.
上火 shànghuǒ	[동사] 상초열이 나다.
[대변이 건조해지거나 혹은 구강 점막·비강 점막·결막 등에 염증이 생기는 증상]	
到底 dàodǐ	[부사] 도대체.
过敏史 guòmǐnshǐ	알레르기.
特别 tèbié	[부사] 특히.
辛辣 xīnlà	[형용사] (맛이나 냄새가) 맵다.
正常 zhèngcháng	[형용사] 정상적인.
食堂 shítáng	[명사] (기관·단체 내의) 구내 식당.
就餐 jiùcān	[동사] 밥을 먹다. 밥 먹으러 가다.
应该 yīnggāi	[동사] …해야 한다. …하는 것이 마땅하다.
青春痘 qīngchūndòu	[명사] 여드름.
过敏源测试 guòmǐnyuán cèshì	알레르기 검사.

检查单 jiǎnchádān		검사표.
化验科 huàyànkē		화학 검사과.
确实 quèshí	[형용사] 확실하다. 진실하고 믿음직하다.	[부사] 확실히.
稍微 shāowēi		[부사] 조금. 약간. 다소.
粉尘 fěnchén		[명사] 분진. 분말의 오염물.
皮炎 píyán		[명사] 피부염.
清淡 qīngdàn		[형용사] (맛이) 담백하다.
炉甘石 lúgānshí		[명사] 노감석.
擦 cā		[동사] (천·수건 등으로) 닦다.
挤 jǐ		[동사] (눌러서) 짜다. 눌러 짜다.
熬夜 áoyè		[동사] 밤을 지새우다. 밤샘하다.

对话

最近金民浩的脸上长了一些疙瘩，这几天越来越多越来越痒，于是就去医院看病。

Zuìjìn Jīnmínhào de liǎn shàng zhǎngle yìxiē gēda, zhèjǐtiān yuè lái yuè duō yuè lái yuè yǎng, yúshì jiù qù yīyuàn kànbìng.

최근 김민호의 얼굴에는 뽀루지가 약간 올라오더니, 요 며칠 점점 가려워지자 병원을 찾았다.

金民浩: 医生，您好。

　　　　Yīshēng, nínhǎo.

　　　　의사 선생님, 안녕하세요.

医　生: 您好。请问您是哪里不舒服？

Nínhǎo。qǐngwèn nín shì nǎlǐ bù shūfu?

안녕하세요. 실례합니다만 어디가 불편하신가요?

金民浩：我的脸上最近长了一些小疙瘩，这几天越来越多越来越痒了。

Wǒde liǎn shàng zuìjìn zhǎngle yìxiē xiǎo gēda，zhèjǐtiān yuè lái yuè duō yuè lái yuè yǎng le。

제 얼굴에 최근에 약간의 뾰루지가 올라왔는데, 요 며칠 점점 더 가려워요.

医　生：是从什么时候开始长的呢？

Shì cóng shénme shíhou kāishǐ zhǎngde ne?

언제부터 올라왔나요?

金民浩：上周就发现几颗了，我以为是上火了，没想到越长越多了。

Shàngzhōu jiù fāxiàn jǐkē le，wǒ yǐwéi shì shànghuǒ le，méixiǎngdào yuè zhǎng yuè duō le。

지난주에 몇 개를 발견했는데, 전 염증인 줄 알았는데, 점점 더 많아지고 있어요.

医　生：好的，让我看看您长的到底是什么？

Hǎo de，ràng wǒ kànkan nín zhǎng de dàodǐ shì shénme?

알겠어요. 제가 도대체 어떤 게 올라온 건지 볼게요.

金民浩：谢谢医生。

Xièxiè yīshēng。

의사 선생님 감사합니다.

医　生：除了脸上，您还有别的地方长了这种小疙瘩吗？

Chúle liǎnshàng，nín háiyǒu biéde dìfang zhǎngle zhèzhǒng xiǎo gēda ma?

얼굴 말고, 이런 뾰루지가 생긴 곳이 있나요?

金民浩：只有脸上长了呢。

Zhǐyǒu liǎnshàng zhǎngle ne。

얼굴에만 올라왔어요.

医　生：您有过敏史吗？

Nín yǒu guòmǐnshǐ ma?

알레르기가 있었나요?

金民浩：没有。

Méiyǒu。

아니요.

医　生：长疙瘩的地方疼吗？

Zhǎng gēda de dìfang téng ma?

뽀루지가 올라온 곳이 아픈가요?

金民浩：有一点儿。

Yǒu yìdiǎnr 。

조금요.

医　生：最近有没有吃特别辛辣的食物呢？

Zuìjìn yǒuméiyǒu chī tèbié xīnlà de shíwù ne?

요즘 특별히 매운 음식을 드셨나요?

金民浩：就跟同学们一样，正常地在食堂就餐。

Jiù gēn tóngxuémen yíyàng, zhèngcháng de zài shítáng jiùcān。

학교 친구들처럼 일반적으로 교내식당에서 밥을 먹어요.

医　生：看起来应该是青春痘，但是为保险起见，您还是做一个过敏源测试吧。您做过这个测试吗？

Kànqǐlái yīnggāi shì qīngchūndòu, dànshì wéi bǎoxiǎn qǐjiàn, nín háishì zuò yígè guòmǐnyuán cèshì ba。nín zuòguò zhège cèshì ma?

보자하니 여드름일 것 같지만, 안전을 위해 알레르기 테스트를 해보시는
게 좋을 것 같아요. 이 테스트를 해본적이 있으신 가요?

金民浩：没有呢，那么我做一个吧。

　　Méiyǒu ne, nàme wǒ zuò yígè ba。

　　아니요, 그럼 저는 할게요.

**医　生：好的，我给你开一个检查单。您拿着单子去化验科排队检查，拿到
结果后再来我这里吧。**

　　Hǎode, wǒ gěi nǐ kāi yígè jiǎnchádān。 nín názhe dānzi qù huàyànkē páiduì
jiǎnchá, nádào jiéguǒ hòu zài lái wǒ zhèlǐ ba。

　　네, 검사표를 작성해 드리겠습니다. 표를 가지고 화학 검사과에 가서 줄
을 서서 검사하시고, 결과를 받으셔서 다시 여기로 오세요.

金民浩：好的。谢谢医生。

　　Hǎode。 xièxiè yīshēng。

　　네. 의사 선생님 감사합니다.

（金民浩拿着检查结果回到皮肤科）

（ Jīnmínhào názhe jiǎnchá jiéguǒ huí dào pífūkē）

(김민호는 검사결과를 들고 피부과로 돌아왔다.)

金民浩：医生您好，这是我的检查结果。

　　Yīshēng nínhǎo, zhè shì wǒde jiǎnchá jiéguǒ。

　　의사 선생님 안녕하세요. 이게 제 검사 결과입니다.

医　生：好的，让我看看。

　　Hǎode, ràng wǒ kànkan。

　　네, 제가 보겠습니다.

金民浩：我的结果怎么样？

　　Wǒde jiéguǒ zěnmeyàng？

제 결과는 어떤가요?

医　生:看起来您确实没有对什么东西过敏，稍微注意一下粉尘就行了。

Kànqǐlái nín quèshí méiyǒu duì shénme dōngxi guòmǐn, shāowēi zhùyì yíxià fěnchén jiù xíngle。

확실히 어떤 알레르기가 없으세요. 분진에 약간만 신경 쓰시면 됩니다.

金民浩:那我的脸上？

Nà wǒde liǎnshàng?

그럼 제 얼굴에는?

医　生:没有什么问题，不是过敏性皮炎，只是青春痘。注意饮食清淡一些，我再给你开点儿炉甘石，晚上洗脸后好好儿擦就行。千万别去挤，挤破了的话，就不能用炉甘石了。

Méiyǒu shénme wèntí, búshì guòmǐnxìng píyán, zhǐshì qīngchūndòu。zhùyì yǐnshí qīngdàn yìxiē, wǒ zài gěinǐ kāi diǎnr lúgānshí, wǎnshang xǐliǎn hòu hǎohǎor cā jiù xíng。qiānwàn bié qù jǐ, jǐ pòle dehuà, jiù bùnéng yòng lúgānshí le。

아무 문제없어요. 아토피가 아니라 그냥 여드름이에요. 음식을 먹을 때 담백한 음식을 드세요. 그리고 노감석을 처방해 드릴 테니, 밤에 세수하고 잘 닦으면 됩니다. 가서 절대 터트리면 안되고, 꽉 눌러 터트리면, 노감석을 사용할 수 없어요.

金民浩:知道了，谢谢医生，请问在哪里拿药呢？

Zhīdào le, xièxiè yīshēng, qǐngwèn zài nǎlǐ ná yào ne?

알겠습니다. 의사선생님 감사합니다. 약을 어디서 받나요?

医　生:去二楼的西药房。年轻人，可千万别熬夜，熬夜最容易长痘痘了。

Qù èrlóu de xīyàofáng。niánqīngrén, kě qiānwàn bié áoyè, áoyè zuì róngyì zhǎng dòudòu le。

2층에 있는 양약방으로 가세요. 총각, 절대 밤을 새지 마세요. 밤을 새면 여드름이 가장 잘 올라와요.

金民浩：好的，谢谢您，再见。

Hǎode, xièxiè nín, zài jiàn。

네, 감사합니다, 안녕히 계세요.

1. 越……越……; 表示程度随着条件的变化而变化。

정도에 따라 조건의 변화에 따라 달라짐을 나타낸다.

例子：脑子越用越灵。

　　　孩子越长越像爸爸。

　　　争论越认真，是非也就越清楚。

2. 除了……，还……; 表示在……之外，还有别的。

……외에, 또 다른 것이 있음을 나타낸다.

例子：她除了教课，还负责学校里的工会工作。

　　　他除了写小说，有时候还写诗。

　　　除了小刘，还有谁没来吗？

3. 就……; 表示加强肯定。 강한 긍정을 나타낸다.

例子：我就知道他会来的，今天他果然来了。

　　　我就不信我学不会。

　　　那就是他的家。

4. 那么……；表示顺着上文的意思，说出应有的结果或者作出判断。

앞에서 말한 사실이나 가정에 따른 결과나 판단을 표시한다.

例子：这样做既然不行，那么你打算怎么办呢？

　　　如果你认为可以这么办，那么咱们赶紧去办吧。

　　　他不去？那么我也不去。

5. 看起来……；表示估计或着眼于某一方面。

어떤 측면에 대한 추측을 하거나 고려를 함을 나타낸다.

例子：看起来，他不会来了。

　　　这件衣服看起来有点小。

　　　她看起来很聪明。

6. 千万……；副词，表示恳切叮咛。　　부사, 간절하게 신신당부하다.

例子：千万不可大意。

　　　这件事你千万记着。

　　　千万保重身体。

7. ……容易……：表示发生某种变化的可能性大。

어떤 변화가 일어날 가능성이 크다는 것을 나타낸다.

例子：白衣服容易脏。

　　　容易生病。

　　　南风天的时候，衣服不容易干。

1. 择合适的词语填空。

痒　上火　到底　辛辣　食堂　应该　青春痘　稍微　清淡　挤

（1）我们公司有_____，吃饭而别方便。

（2）我的牙膏用完了，一点儿也_____不出了。

（3）这件衣服_____很贵吧。

（4）我_____了，嗓子特别疼。

（5）为了好得快一些，你得吃得_____些。

（6）蚊子咬过的地方特别_____。

（7）_____放点糖就好吃了。

（8）我的脸上长了几颗_____。

（9）你_____爱不爱我？

（10）服用这种药禁止吃_____食物。

2. 使用本课的学过语法完成句子。

（1）青春期的孩子_____长青春痘。

（2）如果不了解情况，_____就别乱说。

（3）我_____喜欢他。

（4）雨_____大了。（下雨）

（5）_____演戏，刘德华_____很会唱歌。

（6）她_____20来岁。

（7）打雷的时候_____别去树底下。

（8）_____火锅，我_____想吃麻辣烫。

（9）天气这么冷，你_____注意保暖。

（10）安小姐_____很温柔。

皮肤科和皮外科的区别
피부과와 피외과의 차이

皮外科的全称是皮肤外科，皮肤外科和皮肤科是有区别的，皮肤外科接近美容整形科，它的主要治疗项目是外科操作的疾病，比如整形烧伤，而皮肤科倾向于内科，主要是用药物进行治疗疾病，因为很多皮肤病都是由于身体内部的原因造成，所以皮外科和皮肤科是有区别的。

피외과의 정식명칭은 피부외과이다. 피부외과와 피부과는 차이가 있고, 피부외과는 미용성형과에 가깝고, 주로 외과에서 다루는 질환을 치료한다. 예를 들어 성형 화상이 있고, 피부과는 내과인 추세이고, 주로 약물로 질병을 치료하는데, 피부병은 신체 내부 원인으로 생기는 경우가 많기 때문에 피부외과와 차이가 있다.

皮肤科属于外科，主要治疗各种皮肤病，常见皮肤病有牛皮癣、 疱疹、酒渣鼻、脓疱疮、化脓菌感染、疤痕、癣、鱼鳞病、腋臭、青春痘、毛囊炎、斑秃脱发、男科炎症、婴儿尿布疹、鸡眼、雀斑、汗疱疹、螨虫性皮炎、白癜风、湿疹、灰指甲、硬皮病、皮肤瘙痒、口腔部护理、脱毛、黄褐斑等。

피부과는 외과에 속하며, 각종 피부병을 주로 치료하는데, 흔한 피부병은 건선, 포진, 비사증, 농가진, 화농균 감염, 흉터, 곰팡이로 인해 생기는 피부병, 어린선, 겨드랑이 냄새, 여드름, 모낭염, 대머리 탈모, 남과 염증, 아기기저귀 뾰루지, 티눈, 주근깨, 한포증, 진드기성 피부염, 백반증, 습진, 조갑사상균증, 공피증, 피부소양증, 구강부 보호, 탈모, 기미 등이 있다.

皮肤科亚专科之一，是一个以皮肤病学为基础的，综合多个学科的交叉科学。主要是以外科相关技术和手段，治疗和解决皮肤疾病、修复皮肤缺损、改善皮肤质量。

피부과 전문분야의 한 부분은 피부병학을 바탕으로 여러 학과를 아우르는 교차과학이다. 주로 외과 관련 기술과 수단, 피부질환의 치료와 해결, 피부손상의 회복, 피부질량의 개선 등이다.

其范围主要包括：体表皮肤及皮下组织的肿物切除、皮肤附属器的外科处理和治疗、各种原因引起的皮肤缺损修复、皮肤质量的提高和改善，如糖尿病足、褥疮、皮肤肿瘤、毛发移植、甲病的外科处理、皮脂腺及汗腺的外科处理、皮肤急、慢性创面、体表瘢痕等逐步已成为皮肤外科的治疗范围。

주요 포함 범위: 체표 피부 및 피하조직의 선종 절제, 피부 부속기의 외과적 처리와 치료, 각종 원인에 의한 피부손상의 복구, 피부질량의 향상과 개선, 당뇨병, 욕창, 피부종양, 모발이식, 갑상선종의 외과적 처리, 피지선 및 땀샘의 외과적 처리, 피부발진, 만성상처, 체표흉터 등이 피부외과의 치료 범위이다.

（以上资料来源于网络）

（위 내용의 출처는 인터넷이다）

第十章

眼科
안과

生词

不适 bú shì	[형용사] (몸이) 불편하다. 힘들다. 피곤하다.
症状 zhèngzhuàng	[명사] 증상. 증후.
例如 lìrú	[동사] 예를 들면.
游泳池 yóuyǒngchí	[명사] 수영장
公共场所 gōnggòngchǎngsuǒ	공공장소.
上学 shàngxué	[동사] 등교하다. 학교에 가다
发炎 fāyán	[동사] 염증이 생기다. 염증을 일으키다.
揉 róu	[동사] (손으로) 비비다. 문지르다.
清洁 qīngjié	[형용사] 청결하다. 깨끗하다.
触碰 chùpèng	[동사] 접촉하다. 부딪치다. 닿다.
结膜炎 jiémóyán	[명사] 결막염.
严重 yánzhòng	[형용사]엄중하다. 심각하다.
眼药水 yǎnyàoshuǐ	물 안약.
眼药膏 yǎnyàogāo	안연고.
冲洗 chōngxǐ	[동사] (물 따위 액체로) 씻다.

过程 guòchéng   [명사] 과정.

药房 yàofáng   [명사] 약방. 약국.

按时 ànshí   [부사] 제때에. 시간에 맞추어.

放心 fàngxīn   [동사] 마음을 놓다. 안심하다.

单子 dānzi   [명사] 리스트. 명세서. 목록. 표.

顺便 shùnbiàn   [부사] …하는 김에.

近视眼 jìnshìyǎn   [명사] 근시안.

激光 jīguāng   [명사] 레이저.

咨询 zīxún   [동사] 자문하다. 상의하다. 의논하다.

痊愈 quányù   [동사] 병이 낫다. 완쾌되다.

方案 fāng'àn   [명사] 방안.

心急吃不了热豆腐 xīn jí chī bù liǎo rè dòu fu

[속담]조급하게 서두르면 되는 일이 없다. 인내심이 없으면 일을 성사시킬 수 없다.

对话

金民浩的眼睛疼，于是就去医院看病。
Jīnmínhào de yǎnjing téng, yúshì jiù qù yīyuàn kànbìng.
김민호는 눈이 아파서 병원에 가서 진찰받으러 갔다.

金民浩 : 医生，您好。
Yīshēng, nínhǎo。
의사 선생님 안녕하세요.

医　生 : 您好。请坐！

Nínhǎo。qǐng zuò！

안녕하세요. 앉으세요!

金民浩 : 谢谢。

Xièxiè。

감사합니다.

医　生 : 请问您是哪里不适呢？

Qǐngwèn nín shì nǎlǐ búshì ne?

실례지만, 어디가 불편하신가요?

金民浩 : 我的眼睛不舒服。

Wǒde yǎnjing bùshūfu。

저는 눈이 불편해요.

医　生 : 有什么症状呢？眼睛痛吗？

Yǒu shénme zhèngzhuàng ne? yǎnjing tòng ma?

어떤 증상이 있나요? 눈이 아프신 가요?

金民浩 : 眼睛很痒，还有一点儿痛。

Yǎnjing hěn yǎng, hái yǒu yìdiǎnr tòng。

눈이 간지럽고, 통증이 좀 있어요.

医　生 : 最近有去例如游泳池这样的公共场所吗？

Zuìjìn yǒu qù lìrú yóuyǒngchí zhèyàngde gōnggòngchǎngsuǒ ma?

요즘 예를 들면 수영장 같은 공공장소에 가셨나요?

金民浩 : 没有呢，我最近除了上学就是回家。

Méiyǒu ne, wǒ zuìjìn chúle shàngxué jiùshì huíjiā。

아니요. 저는 요즘 학교에 등교하거나 바로 집으로 돌아와요

医　生 : 这样啊。我先给您做个简单的检查吧。

Zhèyàng a。wǒ xiān gěi nín zuò gè jiǎndān de jiǎnchá ba。

그렇군요. 제가 간단한 검사를 먼저 해드릴게요.

金民浩 : 好的，谢谢医生。

Hǎode, xièxiè yīshēng。

네. 의사 선생님 감사합니다.

医　生 : 眼睛发炎了，有点儿红，您是不是总揉眼睛啊？

Yǎnjing fāyán le, yǒudiǎnr hóng, nín shìbushì zǒng róu yǎnjing a?

눈에 염증이 생겨서 조금 빨간데 자꾸 눈을 비비시나요?

金民浩 : 因为真的很痒呢。

Yīnwèi zhēnde hěn yǎng ne。

왜냐하면 너무 간지러워서요.

医　生 : 应该是日常没注意手部清洁，触碰到眼睛引起的结膜炎。

Yīnggāi shì rìcháng méi zhùyì shǒubù qīngjié, chùpèng dào yǎnjing yǐnqǐde jiémóyán。

일상적으로 손 청결에 신경을 쓰지 않고, 눈에 닿아서 생기는 결막염입니다.

金民浩 : 严重吗？

Yánzhòng ma?

심각한가요?

医　生 : 您来的早，不算严重。给您开个眼药水和眼药膏。现在先给您冲洗一下。

Nín láide zǎo, búsuàn yánzhòng。gěi nín kāi gè yǎnyàoshuǐ hé yǎnyàogāo。xiànzài xiān gěi nín chōngxǐ yíxià。

일찍 오셔서 심각한 편은 아닙니다. 안약과 안연고를 처방해 드리겠습니다. 지금 먼저 씻어 드릴게요.

金民浩 : 好的 , 谢谢 !

　　Hǎode, xièxiè!

　　네, 감사합니다!

医　生 : 冲洗的过程中要是有什么不舒服请您告诉我。

　　Chōngxǐ de guòchéng zhōng yàoshì yǒu shénme bù shūfu qǐng nín gàosu wǒ。

　　씻어내는 과정에서 만약 불편하시다면 말씀해 주세요.

金民浩 : 好的。劳烦您受累。

　　Hǎo de。láofán nín shòulèi。

　　네. 수고를 끼쳤습니다.

医　生 : 可以了,舒服一些了吗?

　　Kěyǐ le, shūfu yìxiē le ma?

　　괜찮습니다. 좀 편해지셨나요?

金民浩 : 嗯。确实舒服多了。以后还要来冲洗吗?

　　èn。quèshí shūfu duōle。yǐhòu hái yào lái chōngxǐ ma?

　　네. 확실히 많이 편해졌어요. 나중에 또 씻으러 와야 하나요?

医　生 : 您先回去用药,如果没有其他的不适不需要来了。我现在先给您开药,一会儿您去药房拿药就可以了。

　　Nín xiān huíqù yòngyào, rúguǒ méiyǒu qítāde búshì bù xūyào lái le。wǒ xiànzài xiān gěi nín kāiyào, yíhuìr nín qù yàofáng ná yào jiù kěyǐ le。

　　먼저 돌아가셔서 약을 드세요. 만약 다른 불편함이 없으시면 오실 필요가 없습니다. 제가 지금 먼저 약을 처방해 드릴 테니 잠시 후에 약방에 가서 약을 가져오시면 됩니다.

金民浩 : 要多久才能好呀?

　　Yào duōjiǔ cái néng hǎo ya?

　　얼마나 있어야 나을까요?

医　生：按时滴眼药水，涂眼药膏，过几天就好了。

　　　　ànshí dī yǎnyàoshuǐ, tú yǎnyàogāo, guòjǐtiān jiù hǎo le。

　　　　제때 안약을 넣고, 안연고를 바르면 며칠 지나면 낫습니다.

金民浩：那我就放心了。

　　　　Nà wǒ jiù fàngxīn le。

　　　　그럼 안심입니다.

医　生：不要用手揉眼睛，不要吃辛辣食物，晚上早点儿休息，少玩手机。

　　　　Búyào yòng shǒu róu yǎnjing, búyào chī xīnlà shíwù, wǎnshang zǎodiǎnr
xiūxi, shǎo wán shǒujī。

　　　　손으로 눈을 비비지 말고, 매운 음식을 먹지 말고, 저녁에는 일찍 쉬면서
핸드폰을 덜 가지고 놀으세요.

金民浩：好的，谢谢您。

　　　　Hǎode, xièxiè nín。

　　　　네, 감사합니다.

医　生：给您单子，注意两种药在不同的药房拿。

　　　　Gěi nín dānzi, zhùyì liǎngzhǒng yào zài bùtóng de yàofáng ná。

　　　　리스트를 드릴 테니 두 가지 약은 다른 약국에서 가지고 가셔야 하는 거
주의해주세요.

金民浩：顺便问您一下，我想做近视眼激光手术，也可以在这里咨询吗？

　　　　Shùnbiàn wèn nín yíxià, wǒ xiǎng zuò jìnshìyǎn jīguāng shǒushù, yě kěyǐ
zài zhèlǐ zīxún ma？

　　　　그런데 근시안 레이저 시술을 받고 싶은데, 여기서 상담도 가능한가요？

医　生：可以呀。不过您要等您的结膜炎痊愈后再来，我们才能根据您的眼
睛的情况选择适合您的治疗方案。别着急，心急吃不了热豆腐。

　　　　Kěyǐ ya。búguò nín yào děng nín de jiémóyán quányù hòu zài lái, wǒmen

cái néng gēnjù nín de yǎnjing de qíngkuàng xuǎnzé shìhé nín de zhìliáo fāng'àn。bié
zháojí, xīn jí chī bù liǎo rè dòu fu。

가능해요. 하지만 결막염이 완치된 후에 다시 오셔야 저희가 눈 상태에
맞게 치료안을 선택할 수 있습니다. 조급해 하지 마세요. 조급하게 서두르면 되는
일이 없어요.

金民浩:明白了。谢谢。再见。

Míngbai le。xièxiè。zàijiàn。

알겠습니다. 감사합니다. 안녕히 계세요.

医　生:再见。

Zàijiàn。

안녕히 가세요.

语法

1. 例如......;动词,举例用语,放在所举的例子前面,表示下面就是例子。

동사, 예를 드는 용어, 제시된 예보다 앞에 두고, 다음이 그 예가 됨을 나타낸다.

例子:田径运动的项目很多,例如跳高、跳远、百米赛跑等。

你喜欢看例如《钢铁侠》这样的电影吗?

你吃过例如臭豆腐这样的食物吗?

2. 要是......;连词,表示如果,如果是的意思。

접속사, "만약, 만약...하다면"의 의미를 나타낸다.

例子:这事要是他知道了,一定会生气的。

要是别人，事情可能就办不成了。

要是你想参加，我可以当介绍人。

3. 除了......就是......；除了+A+就是+B，表示只有A和B两种行为或者状态，没有其他的了。

A(지) 않으면 B(을) 하다. A가 아니면 B이다 라는 행위, 상태를 나타낸다.

例子 : 猪除了吃东西就是睡觉。

除了选A就是选B。

除了在公司就是在家，我还能在哪？

4. 一会儿......；数量词，指在很短的时间之内。

수량사, 매우 짧은 시간 안에 임을 나타낸다.

例子 : 一会儿还要开会。

妈妈一会儿就回来了。

一会儿地上就积起了厚厚的雪。

5. 按时......；副词，依照规定的时间。

부사, 시간에 맞추어.

例子 : 请你按时完成作业。

记得按时吃药。

你一定要按时到，迟到了我们可不等你了。

6. 注意...... 动词，把意志放到某一方面。

동사, 의지를 어느 한 방면에 두다.

例子：注意安全。

注意保暖。

过马路时注意来往车辆。

1. 择合适的词语填空。

症状 游泳池 公共场所 发炎 揉 触碰 严重 冲洗 药房 放心

(1) 他家是带_____的大别墅。

(2) 妈妈轻轻地给宝宝_____肚子。

(3) 开好药后去_____拿药。

(4) 不要_____到这个开关，有点儿漏电。

(5) 如果出现以下_____，请立刻到发热门诊就医。

(6) 保洁员用水龙头_____地板。

(7) 近期不太安全，尽量少去_____。

(8) 不舒服就立刻去看医生，别等到_____了再着急。

(9) 父母总是不_____自己的孩子单独外出。

(10) 你的扁桃体_____了，要吃消炎药。

2. 使用本课的学过语法完成句子。

(1) 高考生_____睡觉_____学习。

(2) 一个人单独去旅行，一定要_____安全。

(3) 你_____不想去就别去了。

（4）你别着急，饭＿＿＿＿＿＿就好。

（5）＿＿＿＿＿＿吃饭，早睡早起，才能保持身体健康。

（6）中国的老动画片特别经典，＿＿＿＿＿＿＿《小蝌蚪找妈妈》《大闹天宫》等。

（7）今天＿＿＿＿＿＿星期六就好了。

（8）你稍等一下，＿＿＿＿＿＿就到你了。

（9）记得＿＿＿＿＿＿来复诊。

（10）听说这有很多小偷，你可千万＿＿＿＿＿＿你的钱包。

阅读材料

眼科简介
안과 안내서

眼科的全称是"眼病专科"，是研究发生在视觉系统，包括眼球及与其相关联的组织有关疾病的学科。眼科一般研究玻璃体、视网膜疾病，眼视光学，青光眼和视神经病变，白内障等多种眼科疾病。

안과의 정식명칭은 '눈병전문' 이고, 시각 체계에서 발생하는 것을 연구한다. 안구 및 그것과 상관된 조직과 관련된 질병을 연구하는 학과이다. 안과는 일반적으로 유리체, 망막질환, 안시광학, 녹내장과 안과 시신경 병리 변화, 백내장 등 다양한 안과 질환을 연구한다.

常见的眼科疾病有：中心浆液性视网膜病变、干眼症、交感性眼炎、夜盲症、失明、弱视、散光、沙眼、白内障、糖尿病视网膜病变、结膜炎、老花眼、色盲、虹膜异色症、视网膜色素变性、视网膜中央动脉阻塞、视网膜脱落、近视、远视、针眼、雪盲症、霰粒肿、青光眼、飞蚊症等。

흔한 안과 질환으로는 중심장액성 망막병변, 안구 건조증, 교감성 안염, 야맹증, 실명, 난시, 트라코마, 백내장, 당뇨망막병증, 결막염, 노안, 색맹, 홍채 이색증, 망막 색소변성증, 망막 중앙 동맥 폐쇄, 망막 벗겨짐, 근시, 원시, 다래끼, 설맹증, 공다 래끼, 녹내장, 비문증 등이 있다.

眼的一般检查，包括眼附属器和眼前段检查。

눈의 일반 검사, 안부속기와 눈 앞부분 검사를 포함한다.

眼附属器检查 안부속기 검사

眼附属器检查包括：眼睑、结膜、泪器、眼球位置和眼眶的检查。

안부속기 검사는 다음을 포함한다: 눈꺼풀, 결막, 눈물기관, 안구 위치 그리고 눈 가의 검사.

眼睑检查：一般是在自然光线下用望诊和触诊检查。主要观察：眼睑有无 先天异常，如眼睑缺损、睑裂狭窄、上睑下垂等。眼睑皮肤异常，如红、肿、 热、痛、皮下气肿、肿块等。眼睑的位置异常，如比较双侧睑裂的宽窄，有无 睑内外翻。睑缘及睫毛异常。

눈꺼풀 검사: 보통 자연광선에서 망진과 촉진으로 검사한다. 주요 관찰: 눈꺼풀에 선천적인 이상이 있는지, 예를 들어 눈꺼풀 손상, 검열축소, 안검하수 등이 있다. 눈꺼풀의 피부 이상은 붉거나, 붓거나, 열, 통증, 피하 기종, 종양 등과 같이 나타난 다. 눈꺼풀의 위치 이상은 예를 들어 양측 눈꺼풀이 갈라진 폭을 비교하여 눈꺼풀 의 안팎으로 뒤집히는지 확인한다. 눈꺼풀 및 속눈썹 이상이다.

泪器检查：包括泪腺、泪道两部分。检查泪腺区有无肿块，注意泪点位置有 无内外翻及闭塞，泪囊区有无红肿、压痛和瘘管，挤压泪囊时有无分泌物自 泪点溢出，并通过器械检查泪液的分泌量，泪道是否狭窄及阻塞。

눈물기관 검사: 눈물샘, 눈물길 두 부분을 포함한다. 누선 구역에 종기가 있는지 검사하고, 눈물 지점의 위치가 안팎으로 뒤집히거나 막히는지, 눈물주머니에 붉 은 종기, 압통과 누관이 있는지, 눈물 주머니를 누를 때 분비물이 눈물 지점에서 흘러 넘치는지, 기기를 통해 눈물의 분비량, 눈물의 통로가 좁거나 막히지 않았는 지 검사한다.

结膜检查：注意结膜的颜色，光滑透明度，有无充血水肿、乳头增生、滤泡、 瘢痕、溃疡和新生肿块等。

결막검사: 결막의 색, 매끄러운 투명도, 충혈 부종 유무, 유두증식, 여포, 흉터, 궤

양과 신생종기 등이다.

眼球及眼眶检查：检查时应注意眼球的大小、形状位置和眼球的运动，有无不随意的眼球震颤。

안구 및 눈가 검사: 안구의 크기, 모양 위치와 안구의 운동, 안구가 떨리지 않는지 점검해야 한다.

眼球前段检查：包括角膜、巩膜前段、前房、虹膜、瞳孔、晶体的检查。

안구 앞부분 검사: 각막, 공막 앞부분, 앞채, 홍채, 동공, 결정체의 검사를 포함한다.

角膜检查：注意角膜的大小透明度、表面光滑度、新生血管、弯曲度和知觉。

각막 검사: 각막의 크기 투명도, 표면 광택도, 신생 혈관, 만곡성 및 감각에 주의한다.

巩膜检查：注意巩膜有无黄染、结节、充血和压痛。

공막 검사: 공막에 황염, 결절, 충혈, 압통이 있는지 주의한다.

前房检查：注意前房深浅，房水有无混浊、积血、积脓、异物等。

앞채 검사: 앞채 깊이, 안구 무색투명한 액체에 혼탁, 음낭혈류, 고름, 이물질 등이 있는지 주의한다.

虹膜检查：注意虹膜颜色、纹理，有无新生血管、萎缩、结节、囊肿、粘连，有无虹膜根部离断、缺损、震颤和膨隆现象。

홍채검사: 홍채의 색, 결, 신생 혈관의 유무, 위축, 결절, 낭종, 유착, 바닥홍채 절단, 흠집, 떨림, 팽륭현상의 유무에 주의한다.

瞳孔检查：注意瞳孔的大小、位置、形状，瞳孔区有无渗出物、机化膜及色素，瞳孔的直接对光反射、间接对光反射、近反射是否存在。

동공검사: 동공의 크기, 위치, 모양, 동공구에 삼출물, 기화막 및 색소의 유무, 동공의 직접적인 초점 반사, 간접적인 초점 반사, 근반사의 존재 여부에 주의한다.

晶体检查：注意晶体透明度、位置和晶体是否存在。

결정검사: 결정의 투명도, 위치 및 결정의 존재 여부에 주의한다.

（以上资料来源于网络）

（위 내용의 출처는 인터넷이다）

第十一章 제11장

耳鼻喉科
이비인후과

生词

嗓子 sǎngzi	[명사] 목(구멍).
咽 yàn	[명사] 인두.
别提 biétí	[부사] 말도 마라.
难受 nánshòu	[형용사] (몸이) 불편하다. 견딜〔참을〕 수 없다.
充血 chōngxuě	[동사] 충혈되다.
恶心 ěxīn	[동사] 구역이 나다. 속이 메스껍다.
一...就... yì…jiù	…하자 곧. …하자마자.
慢性咽炎 mànxìngyānyán	만성 인두염.
为了 wèi le	[개사] …를 위하여. [목적을 나타냄]
喉镜检查 hóujìngjiǎnchá	[명사] 후두경 검사(법).
好转 hǎozhuǎn	[명사, 동사] 호전(되다).
说实话 shuō shíhuà	[동사] 사실대로 말하다. 솔직히 말하다.
二手烟 èrshǒu yān	[명사] 간접 흡연.
鼻炎 bíyán	[명사] 비염.
过敏 guòmǐn	[명사] 알레르기.

过敏性鼻炎 guòmǐnxìng bíyán		알레르기성 비염.
花粉 huāfěn		[명사] 꽃가루.
喷剂 pēnjì		스프레이.
尽量 jǐnliàng	[부사] 가능한 한. 되도록. 될 수 있는 대로.	
戴 dài	[동사] (머리·얼굴·가슴·팔·손 따위에) 착용하다. 쓰다.	
避免 bìmiǎn		[동사] 피하다. 방지하다.
接触 jiēchù		[동사] 닿다. 접촉하다.
备用 bèiyòng	[동사] 예비로 두다. 예비용으로 준비하다.	

对话

（挂了耳鼻喉科后，见到医生......）
(이비인후과에 접수하고, 의사 선생님을 만나서......)

金民浩：医生您好，我最近嗓子疼得不得了，已经一个多月了，总感觉里面有东西，咽不下去，也吐不出来，别提多难受了，您看我这是怎么了？

    Yīshēng nín hǎo, wǒ zuìjìn sǎngzi téng de bù dé liǎo, yǐjīng yí gè duō yuè le, zǒng gǎnjué lǐmiàn yǒu dōngxī, yàn bú xiàqù, yě tǔ bù chūlái, bié tí duō nánshòu le, nín kàn wǒ zhè shì zěnme le?

    의사 선생님 안녕하세요. 제가 요즘 목이 너무 아파요. 이미 한 달이 넘었어요. 자꾸 안에 뭐가 있는 느낌이고, 삼키지도 못하고, 토할 수도 없고, 얼마나 아픈지 말도 마세요. 의사 선생님이 보시기에 제가 어떤 상태인가요?

医　生：嗓子痛？张开嘴我看看是不是发炎了。

    Sǎngzi tòng? Zhāng kāi zuǐ wǒ kànkan shì bú shì fāyán le.

    목이 아프세요? 입을 벌리고 염증이 생겼는지 볼게요.

（医生看完咽喉状况后……）

(의사 선생님이 인후 상황을 다 보고 난 후)

医　生：咽喉有点儿充血。最近休息怎么样？有没有上火的症状？恶心想吐吗？

Yānhóu yǒu diǎnr chōngxuě. Zuìjìn xiūxī zěnmeyàng? Yǒu méi yǒu shànghuǒ de zhèngzhuàng? Ěxīn xiǎng tù ma?

인후에 약간의 충혈이 있어요. 요즘 쉬는 게 어떠세요? 열이 나는 증상이 있습니까? 구역질이 나서 토할 것 같나요?

金民浩：一刷牙就有点儿恶心想吐，其他时候还好。

Yì shuāyá jiù yǒu diǎnr ěxīn xiǎng tù, qítā shíhou hái hǎo.

양치질을 하면 좀 구역질이 나며 토하고 싶었고, 다른 때는 괜찮았어요.

医　生：你吸烟吗？

Nǐ xīyān ma?

당신은 담배를 피우십니까?

金民浩：我不吸烟，但是我的室友吸烟，这个跟吸烟有关系吗？

Wǒ bù xīyān, dànshì wǒ de shìyǒu xīyān, zhè gè gēn xīyān yǒu guānxi ma?

저는 담배를 피우지 않아요. 하지만 제 룸메이트가 담배를 피워요. 이게 흡연과 관련이 있나요?

医　生：对啊，现在你的症状看起来有点儿像慢性咽炎。

Duì a, xiànzài nǐ de zhèngzhuàng kàn qǐlái yǒu diǎnr xiàng mànxìng yānyán.

맞아요, 지금 당신의 증상은 약간 만성 인두염으로 보여요.

金民浩：慢性咽炎？这是什么病啊？严重吗？怎么办呢？

Mànxìng yānyán? Zhè shì shénme bìng a? Yánzhòng ma? Zěnme bàn ne?

만성 인두염이요? 이건 어떤 병인가요? 심각한 건가요? 어떻게 해야 하죠?

医 生：小伙子不要紧张，为了确认病症，我们先做个喉镜检查，如果不严重，吃点儿消炎药就行了。

Xiǎohuǒzi bú yào jǐnzhāng, wèi le quèrèn bìngzhèng, wǒmen xiān zuò gè hóujìng jiǎnchá, rúguǒ bù yánzhòng, chī diǎnr xiāoyányào jiù xíng le.

총각 긴장하지 마세요. 병을 확인하기 위해 먼저 후두경 검사를 하고, 만약 심하지 않으면 소염제를 좀 먹으면 됩니다.

金民浩: 好的好的，麻烦您了！

Hǎo de hǎo de, máfan nín le!

네 네, 실례 좀 할게요!

（喉镜检查后……）

(후두경 검사 후……)

医 生：还好，不是特别严重，先给你开点儿慢性咽炎药，如果想快点好，也可以输点儿液。

Hái hǎo, bú shì tèbié yánzhòng, xiān gěi nǐ kāi diǎnr mànxìng yānyán yào, rúguǒ xiǎng kuài diǎn hǎo, yě kěyǐ shū diǎnr yè.

다행히도, 특별히 심각한 건 아니여서, 우선 만성 인두염약을 처방해 주고, 만약 빨리 낫고 싶다면, 링거를 맞아도 돼요.

金民浩：我先吃几天药看看吧，如果还是没有好转的话，到时候我再来打点滴。

Wǒ xiān chī jǐ tiān yào kànkan ba, rúguǒ hái shì méiyǒu hǎozhuǎn de huà, dàoshíhou wǒ zài lái dǎ diǎndī.

일단 며칠 동안 약을 먹어볼게요. 그래도 나아지지 않으면 그때 다시 링거를 맞을게요.

医 生：行，那我先给你开点儿药。对了，最好还是跟室友说一下，在宿舍这种公共场合，还是不要吸烟，说实话二手烟对身体更不好啊。

Xíng, nà wǒ xiān gěi nǐ kāi diǎnr yào. Duì le, zuì hǎo háishì gēn shìyǒu shuō yí xià, zài sùshè zhèzhǒng gōnggòng chǎnghé, háishì bú yào xīyān, shuō shíhuà èrshǒu yān duì shēntǐ gèng bù hǎo a.

좋아요, 그러면 제가 먼저 약을 처방해 줄게요. 참, 룸메이트에게 기숙사 같은 공공장소에서는 역시 담배를 피우지 말라고 말하는게 가장 좋을 것 같아요. 솔직히 간접흡연이 몸에 더 안 좋거든요.

金民浩:好,我会回去跟室友说一下的,谢谢医生。对了医生,这段时间我的鼻炎又犯了,老流鼻涕,还常常鼻塞。

Hǎo, wǒ huì huíqù gēn shìyǒu shuō yí xià de, xiè xie yīshēng. Duì le yīshēng, zhè duàn shíjiān wǒ de bíyán yòu fàn le, lǎo liú bítì, hái chángcháng bísāi.

네, 돌아가서 룸메이트에게 말할게요. 의사 선생님 감사합니다. 맞다, 의사 선생님, 그동안 비염이 또 도져서 콧물도 나고 자주 코가 막혔어요.

医　生:之前检查过鼻炎吗?

Zhīqián jiǎnchá guo bíyán ma?

전에 비염을 검사한 적이 있나요?

金民浩:检查过了,我这是过敏性鼻炎,花粉过敏。

Jiǎnchá guo le, wǒ zhè shì guòmǐnxìng bíyán, huāfěn guòmǐn.

검사했었는데 저는 알레르기성 비염이고, 꽃가루 알레르기였어요.

医　生:花粉过敏啊,那我给你开几瓶鼻炎喷剂,鼻子不舒服的时候喷一下,外出时尽量戴口罩,避免接触花粉。

Huāfěn guòmǐn a, nà wǒ gěi nǐ kāi jǐ píng bíyán pēnjì, bízǐ bù shūfu de shíhou pēn yí xià, wàichū shí jǐnliàng dài kǒuzhào, bìmiǎn jiēchù huāfěn.

꽃가루 알레르기군요. 그러면 비염 스프레이 몇 병을 처방해 드릴 테니까 코가 불편할 때 한 번 뿌려 주시고, 외출할 때는 최대한 마스크를 쓰시고, 꽃가루 접촉을 피하도록 하세요.

金民浩:好的,谢谢医生,麻烦帮您我多开几瓶,我留着备用。

Hǎo de, xièxie yīshēng, máfan nín bāng wǒ duō kāi jǐ píng, wǒ liú zhe bèiyòng.

알겠습니다. 의사 선생님 감사합니다. 번거롭겠지만 몇 병 더 처방해주세요. 예비용으로 두려고요.

语法

1. adj+得不得了 정도가 아주 심함을 나타낸다.

例句：儿子考试考了第一名，爸妈高兴得不得了。

今天零下二十度，外面冷得不得了。

他最近每天吃夜宵，胖得不得了，再这样下去要生病的！

2. 别提多+adj+了 얼마나~ 한지 말도 마라.

例句：领奖台上的运动员们，别提多威风了！

他马上就要见到自己喜欢的明星了，内心别提多激动了！

丈夫又喝醉酒回来了，妻子别提多生气了！

3. 一...就... 두 가지 일이 시간상 앞뒤로 연이어 발생함을 나타낸다.

例句：小时候，我同桌一上英语课就睡觉。

姐姐一喝牛奶就拉肚子。

白雪公主一咬下毒苹果就晕倒了。

4. 为了 …를 위하여. (목적을 나타낸다.)

例句：父母做的一切都是为了孩子们。

我这么做是为了帮他通过考试。

为了公司的运营和发展，领导决定进军海外市场。

5. 说实话 사실대로 말하다. 솔직히 말하다.

例句：说实话，我明天真的不想去爬山。

说实话，韩国的电影的拍摄水平还是挺高的。

说实话，哥哥长得比弟弟更帅。

练习

1. 选择合适的词语填空。

二手烟　发炎　休息　说实话　别提　好转　喉镜检查　说实话　难受　咽

（1）她感冒了，身体感觉很_____。

（2）腿部的伤口_____了，明天要去医院看看了。

（3）因为爸爸吸烟，所以我和妈妈每天吸_____。

（4）我_____了明年去上海大学留学。

（5）最近每天加班熬夜，周末我要在家好好_____一下。

（6）他嗓子发炎了，_____不下饭。

（7）_____，你真的不太适合穿短裙。

（8）他爸爸是五星厨师，做饭_____多好吃了！

（9）住院一个星期后，他的病情出现了_____。

（10）周末去医院做个_____吧！看看嗓子到底怎么了。

2. 根据本课学过的语法完成句子

（1）现在以经半夜三点了，我困_____了。

（2）昨天的晚会有四五十人参加，别提多_____了。

（3）女生常常一有时间就_____，一_____就_____。

（4）_____明年的奥运会，我们要尽最大的努力！

（5）_____，我也不清楚他在唱什么。

耳鼻喉科
이비인후과

耳鼻喉科原名"五官科"，后经历卫生部改革之后正式命名为"耳鼻喉科"。
원명"五官科"였던 이비인후과는 위생부 개혁을 거쳐 정식으로 '이비인후과'로 명명되었다.

耳鼻喉科疾病的分类主要从耳朵、鼻子、咽喉这几个部位常发生的一些疾病来分。常见的耳鼻喉科疾病主要有：耳部疾病：中耳炎、耳鸣、外耳炎、耳聋、鼓膜穿孔、鼓膜修补、听力障碍；鼻部疾病：急性鼻炎、慢性鼻炎、鼻窦炎、鼻息肉、过敏鼻炎、鼻部整形；咽喉疾病：喉炎、咽喉炎、急性咽喉炎、慢性咽炎、腺样体肥大、扁桃体炎、鼾症（打呼噜）声带息肉、声带息肉、急性咽炎以上为耳鼻咽喉科疾病分类中比较常见的病症，除这些之外，耳鼻咽喉科还有慢性中耳炎、鼻中隔偏曲等等，以上分类参考耳鼻咽喉科网。

이비인후과 질병의 분류는 주로 귀, 코, 인후의 몇 개 부위에서 흔히 발생하는 몇몇 질병으로 나누어진다. 흔한 이비인후과 주요 질병인 귀 질환에는 중이염, 이명, 외이도염, 청력이 감퇴, 고막 천공, 고막 보수, 청력 장애가 있다. 코 질환에는 급성비염, 만성비염, 부비강염, 코의 폴립, 알레르기비염, 코 성형이 있다. 인후질환에는 후두염, 인후염, 급성 인후염, 만성 인후염, 임파선의 비대, 편도선염, 코골이증(후

제11장 이비인후과 **| 117**

두염), 성대 폴립, 급성 인두염은 이비인후과 질환 분류에서 흔히 볼 수 있는 병이다. 이 외에도 이비인후과에는 만성 중이염, 비중격 만곡증 등이 있다. 위에 분류는 이비인후과 사이트를 참고했다.

鼻炎的临床症状：비염의 임상적 증상:

（1）鼻塞：鼻塞特点为间歇性。在白天、天热、劳动或运动时鼻塞减轻，而夜间，静坐或寒冷时鼻塞加重。鼻塞的另一特点为交替性。如侧卧时，居下侧之鼻腔阻塞，上侧鼻腔通气良好。由于鼻塞，间或有嗅觉减退、头痛、头昏、说话呈闭塞性鼻音等症状。

코막힘: 코막힘 특성은 간헐적이다. 낮 동안에는 날씨가 덥거나, 일이나 운동할 때 코막힘이 줄어들고, 야간에는 정좌하거나 추울 때 코막힘이 심해진다. 코막힘의 또 다른 특징은 교체성이다. 예를들어 누웠을 때 아래쪽에 있는 비강이 막히고 위쪽 비강이 잘 통한다. 코막힘으로 인해 후각 감퇴, 두통, 머리가 어지럽고 말을 할 때 폐쇄성 비음 등의 증상이 있다.

（2）多涕：常为黏液性或黏脓性，偶成脓性。脓性多于继发性感染后出现。

많은 콧물: 점액성 또는 점농성, 가끔 고름성이 된다. 속발성 감염보다 고름이 많다.

（3）嗅觉下降：多为两种原因所致，一为鼻黏膜肿胀、鼻塞，气流不能进入嗅觉区域；二为嗅区黏膜受慢性炎症长期刺激，嗅觉功能减退或消失。

후각 저하: 두가지 원인이 있는데 먼저는 코 점막이 붓고, 코막힘, 기류가 후각 구역에 들어가지 못하는 경우가 있고, 또 다른 경우에는 후각부위 점막이 만성 염증에 의해 장기간 자극을 받아 후각 기능이 감퇴하거나 사라지는 것이 있다.

（4）头痛、头昏 慢性鼻窦炎多表现为头沉重感。

머리가 아프고, 머리가 어지럽다. 만성 부비동염은 머리가 무거운 느낌인 경우가 많다.

（5）全身表现：多数人还有头痛、食欲不振、易疲倦、记忆力减退及失眠等。

전신행동: 두통, 식욕부진, 쉽게 피곤함, 기억력 감퇴 및 불면증 등이 다수다.

（以上内容来源于网络）

（위 내용의 출처는 인터넷이다.）

传染科
감염과

第十二章 / 제12장

生词 단어

传染病 chuánrǎnbìng	[명사] 전염병.
肆虐 sìnüè	[동사] (폭풍 따위가) 위력을 떨치다. 기승을 부리다.
热线电话 rèxiàndiànhuà	[명사] 직통전화.
独自 dúzì	[부사] 단독으로. 혼자서. 홀로.
发热门诊 fārèménzhěn	열증 진찰실.
发烧 fāshāo	[동사] 열이 나다.
量 liáng	[동사] (무게·길이·크기·양 따위를) 재다. 측정하다.
体温 tǐwēn	[명사] 체온.
度 dù	[양사] 도.
头疼 tóuténg	[동사] 머리가 아프다.
体温计 tǐwēnjì	[명사] 체온계
腋下 yèxià	[명사] 겨드랑이. 겨드랑이 밑.
夹 jiá	[동사] 겨드랑이에 끼다.
已经 yǐjīng	[부사] 이미. 벌써.
咳嗽 késòu	[명사, 동사] 기침(하다).

喉咙 hóulóng	[명사] 목구멍. 인후.
异物感 yìwùgǎn	이물감.
卡 qiǎ	[동사] (중간에) 끼다. 끼이다. 걸리다.
咳 ké	[동사] 기침하다.
进一步 jìnyíbù	[부사] (한 걸음 더) 나아가. 진일보하여.
传染科 chuánrǎnkē	감염과.
检查 jiǎnchá	[동사] 검사하다.
护士 hùshi	[명사] 간호사.
登记 dēngjì	[동사] 등기하다. 등록하다.
化验室 huàyànshì	[명사] 화학 실험 기구. 화학 실험실.
抽血 chōuxuè	[동사] 피를 뽑다.
CT室 CTshì	CT실.
窗口 chuāngkǒu	[명사] 창구.
办公室 bàngōngshì	[명사] 사무실.

对话

最近传染病肆虐，金民浩有些发烧、嗓子疼，于是打了热线电话咨询，医生让他戴好口罩，独自走路到最近的发热门诊就诊。

Zuìjìn chuánrǎnbìng sìnüè, Jīnmínhào yǒuxiē fāshāo、sǎngzi téng, yúshì dǎ le rèxiàndiànhuà zīxún, yīshēng ràng tā dài hǎo kǒuzhào, dúzì zǒulù dào zuìjìn de fārèménzhěn jiùzhěn.

최근 전염병이 기승을 부린다. 김민호 씨는 열이 나고 목이 아파서 직통전화로 전화 상담을 걸었다. 의사 선생님이 마스크를 잘 쓰고, 혼자 와서 최근의 열증 진찰실에서 진찰을 받으라고 하셨다.

（金民浩来到发热门诊）
（Jīnmínhào lái dào fārèménzhěn）

(김민호가 열증 진찰실에 도착했다.)

金民浩 : 医生，您好，我发烧了。

　　Yīshēng, nínhǎo, wǒ fāshāo le。

　　의사 선생님, 안녕하세요. 제가 열이 나요.

医　生 : 您好，请先坐下！在家量了体温吗？多少度？

　　Nínhǎo, qǐng xiān zuòxià！zài jiā liángle tǐwēn ma？duōshǎo dù？

　　안녕하세요. 앉으세요! 집에서 체온을 재보셨나요? 몇 도 인가요?

金民浩 : 来之前量了，三十七度八。

　　Lái zhīqián liáng le, sānshíqīdùbā。

　　오기 전에 측정했어요. 37.8도 입니다.

医　生 : 什么时候开始发烧的？还有别的症状吗？

　　Shénme shíhou kāishǐ fāshāo de？hái yǒu biéde zhèngzhuàng ma？

　　언제부터 열이 나기 시작하셨나요? 그 외에 다른 증상이 있으신가요?

金民浩 : 昨天晚上就有些头疼，我很早就睡觉了，今天早上起来就发现发烧了。我还有些嗓子疼，很痒。

　　Zuótiān wǎnshang jiù yǒu xiē tóuténg, wǒ hěn zǎo jiù shuìjiào le, jīntiān zǎoshang qǐlái jiù fāxiàn fāshāo le。wǒ hái yǒu xiē sǎngzi téng, hěn yǎng。

　　어젯밤에 좀 머리가 아파서 일찍 잠에 들었어요. 오늘 아침에 일어나니 열이 났어요. 게다가 목이 좀 아프고, 매우 간지러워요.

医　生 : 好的，我先给您量一下体温。请您把体温计夹在腋下夹紧，五分钟后给我看。

　　Hǎode, wǒ xiān gěi nín liáng yíxià tǐwēn。qǐng nín bǎ tǐwēnjì jiá zài yèxià jiá jǐn, wǔ fēnzhōng hòu gěi wǒ kàn。

　　네, 먼저 체온을 재 드릴게요. 체온계를 겨드랑이에 끼우고, 5분 후에 보여주세요.

金民浩：好的。(五分钟后)我量好了，给您！

　　Hǎode。(wǔ fēnzhōng hòu) wǒ liáng hǎole, gěi nín！

　　네. (5분 후) 저 다 쟀어요, 여기요!

医　生：您现在的体温是三十八度三，已经在发高烧了。您除了嗓子疼，咳嗽吗？喉咙是否有异物感呢？

　　Nín xiànzài de tǐwēn shì sānshíbādùsān, yǐjīng zài fāgāoshāo le。nín chúle sǎngzi téng, késòu ma？hóulóng shìfǒu yǒu yìwùgǎn ne？

　　당신의 현재 체온은 38.3도로 이미 고열입니다. 목이 아픈 것 말고, 기침을 하십니까? 목에 이물감이 있으신가요?

金民浩：不咳嗽，但是喉咙里总感觉卡着什么，咳不出来。

　　Bù késòu, dànshì hóulóng lǐ zǒng gǎnjué qiǎzhe shénme, ké bù chūlái。

　　기침은 안 해요. 하지만 목구멍에 자꾸 뭔가 끼어있는 느낌이어서 기침이 안 나와요.

医　生：这样的话，您需要去传染科进行进一步的检查。

　　Zhèyàng dehuà, nín xūyào qù chuánrǎnkē jìnxíng jìnyíbù de jiǎnchá。

　　그렇다면 당신은 감염과에 가서 추가 검사를 받아야 합니다.

金民浩：请问传染科怎么走？

　　Qǐngwèn chuánrǎnkē zěnme zǒu？

　　실례지만, 감염과는 어떻게 가나요?

医　生：从发热门诊的大门出去，右手边直走，最里面那栋的一楼就是传染科。这是您的初步检查表，到了那里直接给护士，她们会告诉您接下来做什么的。

Cóng fārèménzhěn de dàmén chūqù, yòushǒu biān zhí zǒu, zuì lǐmiàn nà
dòng de yìlóu jiùshì chuánrǎnkē. zhè shì nín de chūbù jiǎnchábiǎo, dào le nàlǐ zhíjiē
gěi hùshi, tāmen huì gàosu nín jiēxiàlái zuò shénme de.

열증 진찰실 대문으로 나가셔서 오른쪽으로 곧장 가시면, 가장 안쪽에
있는 건물의 1층이 바로 감염과입니다. 이건 처음 단계의 검사표입니다. 그곳에
도착하셔서 직접 간호사에게 주면 그들은 당신에게 그 다음에는 무엇을 할지 알
려줄 것입니다.

金民浩 : 好的，谢谢您。

Hǎode, xièxiè nín.

네, 감사합니다.

医　生 : 不客气，您慢走。

Búkèqi, nín mànzǒu.

천만에요. 잘 살펴 가세요.

（传染科）

(chuánrǎnkē)

(감염과)

护　士 : 先生，您好。

Xiānsheng, nínhǎo.

선생님, 안녕하세요.

**金民浩 : 您好。这是我在发热门诊的检查资料，那里的医生让我到这里来
做进一步的检查。**

Nínhǎo. zhè shì wǒ zài fārèménzhěn de jiǎnchá zīliào, nàlǐ de yīshēng ràng
wǒ dào zhèlǐ lái zuò jìnyíbù de jiǎnchá.

안녕하세요. 이것은 제가 열증 진찰실의 검사 자료입니다. 그곳의 의사
선생님이 여기로 와서 좀 더 검사를 하라고 했습니다.

护　士 : 好的，您稍等。我先登记一下您的信息。一会儿您先去化验室抽血，再到CT室做一个CT。

Hǎode, nín shāoděng。wǒ xiān dēngjì yíxià nínde xìnxī。yíhuìr nín xiān qù huàyànshì chōuxuè, zài dào CTshì zuò yígè CT。

네, 잠시만 기다리세요. 먼저 정보를 등록하겠습니다. 잠시 후에 먼저 화학 검사실에 가셔서 피를 뽑고, CT실로 가셔서 CT를 찍으세요.

金民浩 : 好的，谢谢！化验室和CT室怎么走呢？

Hǎode, xièxiè！huàyànshì hé CTshì zěnme zǒu ne？

네, 감사합니다! 화학 검사실과 CT실은 어떻게 가나요?

护　士 : 103室就是化验室，在这边的走廊。您抽完血继续往前走到107室就是CT室了。

103shì jiù shì huàyànshì, zài zhèbiān de zǒuláng。nín chōu wán xuè jìxù wǎng qián zǒu dào 107shì jiù shì CTshì le。

103실이 화학 실험실입니다. 이쪽 복도에 있습니다. 피를 뽑고 나서 계속 앞으로 가시면 107실에 도착하시는데 그 곳이 바로 CT실입니다.

金民浩 : 好的。谢谢您了。

Hǎode。xièxiè nín le。

네. 감사합니다.

护　士 : 不客气。您得先去缴费，然后再去做检查。缴费窗口就在您身后。

Búkèqi, nín děi xiān qù jiǎofèi, ránhòu zài qù zuò jiǎnchá。jiǎofèi chuāngkǒu jiù zài nín shēnhòu。

천만에요. 먼저 비용을 납부하신 후에 검사를 받으러 가셔야 합니다. 요금 납부 창구는 바로 뒤에 있습니다.

金民浩 : 好的。检查结果什么时候能出来呢？

Hǎode。jiǎnchá jiéguǒ shénme shíhou néng chūlái ne？

알겠습니다. 검사 결과는 언제 나오나요?

护 士 : 很快的，您两个检查都做完以后到医生办公室那里排队就可以了，
他会告诉您结果的。

Hěn kuài de, nín liǎng gè jiǎnchá dōu zuò wán yǐhòu dào yīshēng bàngōngshì nàlǐ páiduì jiù kěyǐ le, tā huì gàosu nín jiéguǒ de.

빨리 나와요. 두 개의 검사를 모두 끝낸 후에 의사 선생님 사무실로 가서
줄을 서시면 됩니다. 그가 결과를 알려 줄 것입니다.

金民浩 : 好的，谢谢您。

Hǎode, xièxiè nín.

네. 감사합니다.

护 士 : 不客气，如果需要帮助的话，到这里来找我们就可以了。

Búkèqi, rúguǒ xūyào bāngzhù dehuà, dào zhèlǐ lái zhǎo wǒmen jiù kěyǐ le.

천만에요. 만약 도움이 필요하시다면, 여기에 오셔서 저희를 찾으시면
됩니다.

金民浩 : 谢谢！再见！

Xièxiè! zàijiàn!

감사합니다! 안녕히 계세요!

护 士 : 再见！

Zàijiàn!

안녕히 가세요!

语法

1. 之前 ; 方位词，表示在某个时间或处所的前面。多指时间，少指处所。
방위사, 어느 시점이나 장소의 앞에 있는 것을 나타낸다. 시간을 많이 가리키고,

장소를 적게 가리킨다.

例子 : 吃饭之前要洗手。

一个月之前我还遇到过她。

他们站在队旗之前举手宣誓。

2. 还 ; 副词 , 表示在某种程度上有所增加或在某个范围之外有所补充。

부사, 어느 정도 증가와 어느 범위 밖에서 보충되었음을 나타낸다.

例子 : 改完作业 , 还要备课。

今天比昨天还冷。

你家比他家还大。

3. 的话 ; 助词 , 用在表示假设的分句后面 , 引起下文。

조사, 가설을 나타내는 단문 뒤에 써서, 다음 문장을 불러일으킨다.

例子 : 如果你有事的话 , 就不要来了。

他不想去的话 , 就不必勉强了。

他不来的话 , 你也别来了。

4. 让 ; 动词 , 表示指使、容许或听任。

동사, 시키다, 허용하다, 자유에 맡기는 걸 나타낸다.

例子 : 谁让你来的？

让我仔细想想。

要是让事态发展下去 , 后果会不堪设想。

5. ......一下 ; 数量词 , 用在动词后面 , 表示做一次或者试着做。

수량사, 동사 뒤에 사용되고, 한 번 해보거나 시도해보라는 뜻이다.

例子 : 给我看一下。

我整理一下房间。

帮我关一下门。

6. 先……, 再……; 表示前一个动作结束后, 发生第二个动作。

전 동작이 끝나고, 두번째 동작이 발생함을 나타낸다.

例子 : 你先把上次欠的钱还了, 再说借钱的事。

先把事情做完再休息。

我先看完这个节目再走。

7. 如果……就……: 表示在前一个小句假设的情况下自然怎么样。

앞 절의 가정 상황 아래 저절로 어떠한지 나타낸다.

例子 : 如果他不来, 我就去找他。

如果价钱能便宜点, 我就买了。

如果我也能去就好了。

练习

1. 择合适的词语填空。

传染病 发热门诊 体温 度 已经 卡 检查 登记 窗口 办公室

（1）手足口病和流感都是儿童容易得的_____。

（2）她_____生气了, 你别惹她。

（3）把作业交到老师的_____。

（4）访客请在传达室_____自己的身份信息。

（5）我天生_____比别人低一些。

（6）请7号进来做_____。

（7）退票、改签的旅客请到5号_____办理。

（8）正常情况下，水的沸点是100_____。

（9）有一只狗_____在烟囱里了，真是又可怜又好笑。

（10）现在很多医院都设有_____。

2. 使用本课的学过语法完成句子。

（1）_____我看一看。

（2）六点_____必须回家。

（3）再不上菜_____，我们就走了。

（4）_____再不上菜，我们_____走了。

（5）这只小猫太可爱了，我能摸_____吗？

（6）你_____把作业写完，_____去朋友家吧。

（7）_____我把东西送过去吧。

（8）恩惠看电视_____就把作业写完了。

（9）你喜欢_____，我就送给你吧。

（10）智贤打了俊熙_____。

阅读材料

传染科简介

감염과 소개

传染病科是治疗传染病的部门。常见传染病有菌痢、伤寒、霍乱、甲型毒性肝炎、流脑、猩红热、百日咳、流感、麻疹、丝虫病、乙型脑炎、血吸虫病等。

감염병과는 전염병을 치료하는 부서이다。흔한 전염병으로는 세균성 이질, 장티푸스, 콜레라, 신종 플루, 유행성 뇌막염, 성홍열, 백일해, 독감, 홍역, 필라리아증, B형 뇌염, 주혈흡충병 등이 있다。

传染病科是由各种病原体引起的能在人与人、动物与动物或人与动物之间相互传播的一类疾病。病原体中大部分是微生物,小部分为寄生虫,寄生虫引起者又称寄生虫病。有些传染病,防疫部门必须及时掌握其发病情况,及时采取对策,因此发现后应按规定时间及时向当地防疫部门报告,称为法定传染病。中国目前的法定传染病有甲、乙、丙3类,共38种。

감염병과는 각종 병원체에 의해 사람과 사람, 동물과 동물 또는 사람과 동물 사이에 상호 전파되는 질병이다。병원체는 대부분 미생물로 작은 부분은 기생충으로, 기생충 유발자를 기생충병이라고도 부른다。어떤 감염병은 방역당국이 발병 상황을 실시간으로 파악해 즉각 대책을 세워야 하기 때문에 발견 후에는 현지 방역부서에 정해진 시간에 즉시 보고하는 것을 법정전염병이라고 한다。현재 중국의 법정전염병은 갑, 을, 병 3종 등 모두 38종이다。

传染病的特点是有病原体,有传染性和流行性,感染后常有免疫性。有些传染病还有季节性或地方性。传染病的分类尚未统一,有人按病原体分类,有人按传播途径分类。传染病的预防应采取以切断主要传播环节为主导的综合措施。传染病的传播和流行必须具备3个环节,即传染源(能排出病原体的人和/或动物)、传播途径(病原体传染他人的途径)及易感者(对该种传染病无免疫力者)。若能完全切断其中的一个环节,即可防止该种传染病的发生和流行。各种传染病的薄弱环节各不相同。在预防中应充分利用。除主导环节外对其他环节也应采取措施,只有这样才能更好地预防各种传染病。

전염병의 특징은 병원체가 있고 전염성과 유행성이 있으며 감염 후에는 항상 면역

성이 있다는 것이다. 어떤 전염병들은 계절적이거나 지방적이기도 한다. 전염병의 분류는 아직 통일되지 않았으며, 어떤 사람은 병원체에 따라 분류하고 어떤 사람은 전파 경로에 따라 분류한다. 전염병 예방은 주요 전파 고리를 끊는 것을 주도적으로 하는 종합적인 조치를 취해야 한다. 전염병의 전파와 유행은 전염원(병원체를 배출할 수 있는 사람과/또는 동물), 전파경로(병원체가 다른 사람에게 전염되는 경로) 및 감수자(이 전염병에 면역이 없는 경우)의 3단계를 갖춰야 한다. 그 중 하나를 완전히 차단하면 이 전염병의 발생과 유행을 막을 수 있다. 각종 전염병의 취약점은 제 각각이다. 예방에 충분히 활용해야 한다. 주도적인 부분 외에 다른 부분에 대해서도 조치를 취해야만 각종 전염병을 더욱 잘 예방할 수 있다.

传染病传播途径
전염병 전파 경로

空气传染 공기 전염
有些病原体在空气中可以自由散布，直径通常为5微米，能够长时间浮游于空气中，做长距离的移动，主要藉由呼吸系统感染，有时亦与飞沫传染混称。
어떤 병원체는 공기 중에 자유롭게 퍼질 수 있고, 지름이 보통 5미크론으로 공기 중에 오래 떠다닐 수 있고, 긴 거리를 이동하며, 주로 호흡기로 감염되며, 때로는 비말 전염과 혼합되기도 한다.

飞沫传染 비말 전염
飞沫传染是许多感染原的主要传播途径，藉由患者咳嗽、打喷嚏、说话时，喷出温暖而潮湿之液滴，病原附着其上，随空气扰动飘散短时间、短距离地在风中漂浮，由下一位宿主因呼吸、张口或偶然碰触到眼睛表面时黏附，造成新的宿主受到感染。
비말 전염은 환자가 기침을 하고, 재채기를 하고, 말할 때, 따뜻하고 습한 액체방울을 분출하고 병인이 그 위에 달라붙어 짧은 시간 동안 공기의 교란에 따라 사방으로 흩어지고, 짧은 거리를 바람에 떠다니며 많은 감염원의 주요한 경로이다. 다음 숙주가 호흡, 입 또는 우연히 눈 표면에 닿았을 때 달라붙어 새로운 숙주가 감염되는 원인이 된다.

粪口传染 대변 구강 전염

常见于发展中国家卫生系统尚未健全、教育倡导不周的情况下，未处理之
废水或受病原沾染物，直接排放于环境中，可能污损饮水、食物或碰触口、
鼻黏膜之器具，以及如厕后清洁不完全，藉由饮食过程可导致食入者感染，
主要病原可为病毒、细菌、寄生虫，如霍乱、A型肝炎、小儿麻痹、轮状病
毒、弓型虫感染症（T. gondii），于已开发国家也可能发生。有时，某些生物
因体表组织构造不足以保护个体，可能因接触患者之排泄物而受到感染，
正常情况下在人类族群中不会发生这种特例。

개발 도상국의 위생 시스템이 아직 완벽하지 않고 교육이 제대로 이루어지지 않은
상황에서, 처리되지 않은 폐수나 병원의 감염물을 환경에 직접 배출하거나 식수와
음식물 또는 접촉구, 코 점막의 기구 및 화장실이 청결하지 않으면 음식을 먹고 마
시는 과정에서 감염될 수 있다. 주요 병원은 바이러스, 세균, 기생충, 예를 들어 콜
레라, A형 간염, 소아마비, 로타바이러스, 톡소플라스마병(T. gondii)으로 선진 국
가에서도 발생할 수 있다. 때때로, 어떤 생물은 체표 조직 구조가 개체를 보호하기
에 충분하지 않고, 환자의 배설물과의 접촉으로 감염될 수 있으며, 정상적인 상황
에서는 인류 집단에서는 이러한 특수 사례가 발생하지 않는다.

接触传染 접촉 전염

经由直接碰触而传染的方式称为接触传染，这类疾病除了直接触摸、亲吻
患者，也可以透过共享牙刷、毛巾、刮胡刀、餐具、衣物等贴身器材，或是因
患者接触后，在环境留下病原达到传播的目的。因此此类传染病较常发生
在学校、军队等物品可能不慎共享的场所。

직접 만져서 전염되는 것을 접촉 전염이라고 하는데, 이 병은 직접 만지거나 환자
에게 키스하는 것 외에 칫솔, 수건, 면도칼, 식기, 옷 등 개달물을 공유하는 것, 또는
환자가 접촉한 후 환경에 병인이 남아 전파 목적에 도달한다. 이 때문에 학교, 군대
등 함께 모이는 장소에서 자주 발생한다.

性传染疾病包含任何可以藉由性行为传染的疾病，因此属于接触传染的一
种，但因艾滋病在世界流行状况甚为严重，医学中有时会独立探讨。

성 전염 질환은 성행위에 의해 전염될 수 있는 어떤 질병을 포함하고 있기 때문에
접촉 전염의 일종이고, 에이즈는 세계적으로 유행이 심하기 때문에 의학에서 때때
로 독립적으로 논의될 수 있다.

垂直传染 수직감염

垂直传染专指胎儿由母体得到的疾病。

수직 감염은 태아가 모체에 의해 얻게 되는 질병을 전문적으로 가리킨다.

血液传染 혈액 감염

主要透过血液、伤口的感染方式,将疾病传递至另一个个体身上的过程即血液传染。常见于医疗使用注射器材、输血技术之疏失,因此许多医疗院所要求相关医疗程序之施行,必须经过多重、多人的确认以免伤害患者,于捐血、输血时,也针对捐赠者和接受者进一步检验相关生理状况,减低此类感染的风险,但由于毒品的使用,共享针头的情况可造成难以预防的感染,尤其对于艾滋病的防范更加困难。

주로 혈액, 상처의 감염방식을 통해 질병을 다른 개체에게 전달하는 과정, 즉 혈액 전염이다. 의료 주사기재의 사용, 수혈 기술의 실수로 인해 많은 의료원이 요구하는 관련 의료 절차의 시행은 환자가 다치지 않도록 많은 사람들이 여러 번 확인을 해야 한다. 혈액을 기증, 수혈할 때, 기증자와 수여자를 대상으로 생리 상태를 점검해 감염 위험을 줄인다. 하지만 마약 사용으로 인해 주사바늘을 공유하는 경우 예방하기 어려운 감염을 일으킬 수 있다. 특히 에이즈에 대한 대비가 더욱 어렵다.

以下列举一些常见的传染病

다음은 흔히 볼 수 있는 전염병들을 나열한 것이다.

呼吸道传染病 : 流行性感冒, 肺结核, 腮腺炎, 麻疹, 百日咳等（空气传播）

호흡기 전염병: 유행성 감기, 폐결핵, 이하선염, 홍역, 백일해 등 (공기 전파)

消化道传染病 : 蛔虫病, 细菌性痢疾, 甲型肝炎等（水, 饮食传播）

소화도 전염병: 회충증, 세균성 이질, A형 간염 등 (물, 음식 전파)

血液传染病 : 乙型肝炎, 疟疾, 流行性乙型脑炎, 丝虫病等（生物媒介等传播）

혈액전염병: B형간염, 말라리아, 유행성 B형 뇌염, 필라리아증 등 (생물매체 등 전파)

体表传染病 : 血吸虫病, 沙眼, 狂犬病, 破伤风, 淋病等（接触传播）。

체표전염병: 주혈흡충병, 트라코마, 광견병, 파상풍, 임질 등 (접촉 전파).

（以上资料来源于网络）

(위 내용의 출처는 인터넷이다.)

医学词汇
의학 어휘

人体部位 인체 부위

血管	静脉	动脉	毛细血管	神经	脊髓	肺
혈관	정맥	동맥	모세혈관	신경	척수	폐
心	隔膜	内脏	胃	肝脏	胆囊	胰
심장	격막	내장	위	간장	담낭	췌장
脾	十二指肠	小肠	大肠	盲肠	阑尾	直肠
비장	십이지장	소장	대장	맹장	충수	직장
肛门	肾脏	膀胱	阴茎	睾丸	阴囊	尿道
항문	신장	방광	음경	고환	음낭	요도
卵巢	子宫	阴道				
난소	자궁	질				

各种常见疾病 여러 가지 흔한 질병

头痛	感冒	咳嗽	肺炎	肝炎	脑膜炎	膀胱炎
두통	감기	기침	폐렴	간염	뇌막염	방광염
急性胃炎	胃炎	气管炎	支气管炎	阑尾炎	胃肠炎	乳腺炎
급성위염	위염	기관지염	기관지염	맹장염	위장염	유방염

肿瘤　癌症　禽流感　非典　疯牛病　黑死病　　白血病
종양　암　조류독감　사스　광우병　흑사병　　백혈병

爱滋病　流感　白内障　狂犬病　中风　冠心病　　糖尿病
에이즈　독감　백내장　광견병　중풍　관상동맥경화증　당뇨병

肺癌　肝癌　肺结核　肝硬化　慢性病　肺气肿　　胃癌
폐암　간암　폐결핵　간경화　만성병　폐기종　　위암

胃病　心脏病　发烧
위병　심장병　발열

医院科室 병원 각 과

急诊室　　医院　　　内科病房　　外科病房
응급실　　병원　　　내과병동　　외과병동

儿科病房　接生房　　手术室　　　心脏重症室重症室
소아병동　산과　　　수술실　　　심장 중증 중환자실

内科重症室　初生婴儿重症室　儿科重症室　外科重症室
내과 중환자실　초생아 중환자실　소아과 중환자실　외과 중환자실

化验所　　药房　　　麻醉科　　　心脏科
화학 검사실　약국　　마취과　　　심장과

心胸外科　脊椎神经科　结肠直肠外科　牙科
심장흉부외과　척추신경과　결장직장외과　치과

皮肤科　　内分泌科　肠胃科　　　普通全科
피부과　　내분비과　위장과　　　일반전과

普通外科　血液科　　肝病专科　　传染病科
일반외과　혈액과　　간질환전문과　감염병과

内科　　　肾脏科　　神经科　　　神经外科
내과　　　신장과　　신경과　　　신경외과

妇产科　　癌症专科眼科　验光科　　骨外科
산부인과　암전문안과　검안과　　　골외과

整骨疗科　耳鼻喉科　病理科　　　小儿科
정골치료과　이비인후과　병리과　　소아과

整形外科　　　精神治疗科　　　　癌症放射疗科　　Ｘ光科
정형외과　　　정신치료과　　　　암방사선치료과　　X선과

泌尿科　　　　血管外科
비뇨기과　　　혈관외과